HEINRICH HEINE

Reise nach Italien

Herausgegeben und mit einem Nachwort versehen
von Christian Liedtke

| Hoffmann und Campe |

Düsseldorf 13. 6. 2012

1. Auflage 2011
Copyright © 2011 by Hoffmann und Campe Verlag, Hamburg
www.hoca.de
Einbandgestaltung: Katja Maasböl
Panoramakarte Florenz: GettyImages/Italian School
Layout und Satz: Kathleen Bernsdorf
Gesetzt aus der Sabon
Druck und Bindung: GGP Media GmbH, Pößneck
Printed in Germany
ISBN 978-3-455-40322-0

HOFFMANN
UND CAMPE

Ein Unternehmen der
GANSKE VERLAGSGRUPPE

INHALT

Es ist ein gutes Zeichen, wenn die Weiber lächeln, sagt ein chinesischer Schriftsteller, und ein deutscher Schriftsteller war eben dieser Meinung, als er in Südtirol, wo Italien beginnt, an einem Berge vorbeikam, an dessen Fuße, auf einem nicht sehr hohen Steindamm, eines von jenen Häuschen stand, die mit ihrer traulichen Galerie und ihren naiven Malereien uns so lieblich ansehen. Auf der einen Seite stand ein großes hölzernes Kruzifix, das einem jungen Weinstock als Stütze diente, so daß es fast schaurig heiter aussah, wie das Leben den Tod, die saftig grünen Reben den blutigen Leib und die gekreuzigten Arme und Beine des Heilands umrankten. Auf der anderen Seite des Häuschens stand ein runder Taubenkofen, dessen gefiedertes Völkchen flog hin und her, und eine ganz besonders anmutig weiße Taube saß auf dem hübschen Spitzdächlein, das, wie die fromme Steinkrone einer Heiligennische, über dem Haupte der schönen Spinnerin hervorragte. Diese saß auf der kleinen Galerie und spann, nicht nach der deutschen Spinnradmethode, sondern nach jener uralten Weise, wo ein flachsumzogener Wocken unter dem Arme gehalten wird, und der abgesponnene Faden an der freihängenden Spindel hinunterläuft. So spannen die Königstöchter in Griechenland, so spinnen noch jetzt die

Parzen und alle Italienerinnen. Sie spann und lächelte, unbeweglich saß die Taube über ihrem Haupte, und über dem Hause selbst ragten hinten die hohen Berge, deren Schneegipfel die Sonne beschien, daß sie aussahen wie eine ernste Schutzwache von Riesen mit blanken Helmen auf den Häuptern.

Sie spann und lächelte, und ich glaube, sie hat mein Herz festgesponnen, während der Wagen etwas langsamer vorbeifuhr, wegen des breiten Stromes der Eisach, die auf der andern Seite des Wegs dahinschoß. Die lieben Züge kamen mir den ganzen Tag nicht aus dem Gedächtnis, überall sah ich jenes holde Antlitz, das ein griechischer Bildhauer aus dem Dufte einer weißen Rose geformt zu haben schien, ganz so hingehaucht zart, so überselig edel, wie er es vielleicht einst als Jüngling geträumt in einer blühenden Frühlingsnacht. Die Augen freilich hätte kein Grieche erträumen und noch weniger begreifen können. Ich aber sah sie und begriff sie, diese romantischen Sterne, die so zauberhaft die antike Herrlichkeit beleuchteten.

Während die Sonne immer schöner und herrlicher aus dem Himmel hervorblühte und Berg und Burgen mit Goldschleiern umkleidete, wurde es auch in meinem Herzen immer heißer und leuchtender, ich hatte wieder die ganze Brust voll Blumen, und diese sproßten hervor und wuchsen mir gewaltig über den Kopf, und durch die eignen Herzblumen hindurch lächelte wieder himmlisch die schöne Spinnerin. Befangen in solchen Träumen, selbst ein Traum, kam ich nach Italien, und da ich während der

Reise schon ziemlich vergessen hatte, daß ich dorthin reiste, so erschrak ich fast, als mich all die großen italienischen Augen plötzlich ansahen, und das buntverwirrte italienische Leben mir leibhaftig, heiß und summend, entgegenströmte.

Es geschah dieses aber in der Stadt Trient, wo ich an einem schönen Sonntag des Nachmittags ankam, zur Zeit, wo die Hitze sich legt und die Italiener aufstehen und in den Straßen auf und ab spazieren. Diese Stadt liegt alt und gebrochen in einem weiten Kreise von blühend grünen Bergen, die, wie ewig junge Götter, auf das morsche Menschenwerk herabsehen. Gebrochen und morsch liegt daneben auch die hohe Burg, die einst die Stadt beherrschte, ein abenteuerlicher Bau aus abenteuerlicher Zeit, mit Spitzen, Vorsprüngen, Zinnen und mit einem breitrunden Turm, worin nur noch Eulen und österreichische Invaliden hausen. Auch die Stadt selbst ist abenteuerlich gebaut, und wundersam wird einem zu Sinn beim ersten Anblick dieser uraltertümlichen Häuser mit ihren verblichenen Freskos, mit ihren zerbröckelten Heiligenbildern, mit ihren Türmchen, Erkern, Gitterfensterchen und jenen hervorstehenden Giebeln, die estradenartig auf grauen alterschwachen Pfeilern ruhen, welche selbst einer Stütze bedürften. Solcher Anblick wäre allzu wehmütig, wenn nicht die Natur diese abgestorbenen Steine mit neuem Leben erfrischte, wenn nicht süße Weinreben jene gebrechlichen Pfeiler, wie die Jugend das Alter, innig und zärtlich umrankten, und wenn nicht noch süßere

Mädchengesichter aus jenen trüben Bogenfenstern hervorguckten und über den deutschen Fremdling lächelten, der, wie ein schlafwandelnder Träumer, durch die blühenden Ruinen einherschwankt.

Ich war wirklich wie im Traum, wie in einem Traume, wo man sich auf irgend etwas besinnen will, was man ebenfalls einmal geträumt hat. Ich betrachtete abwechselnd die Häuser und die Menschen, und ich meinte fast, diese Häuser hätte ich einst in ihren besseren Tagen gesehen, als ihre hübschen Malereien noch farbig glänzten, als die goldenen Zieraten an den Fensterfriesen noch nicht so geschwärzt waren, und als die marmorne Madonna, die das Kind auf dem Arme trägt, noch ihren wunderschönen Kopf aufhatte, den jetzt die bilderstürmende Zeit so pöbelhaft abgebrochen. Auch die Gesichter der alten Frauen schienen mir so bekannt, es kam mir vor, als wären sie herausgeschnitten aus jenen altitalienischen Gemälden, die ich einst als Knabe in der Düsseldorfer Galerie gesehen habe. Ebenfalls die alten Männer schienen mir so längst vergessen wohlbekannt, und sie schauten mich an mit ernsten Augen, wie aus der Tiefe eines Jahrtausends. [...] Dann aber mußt' ich wieder über mich selbst lächeln, und es wollte mich bedünken, als sei die ganze Stadt nichts anderes als eine hübsche Novelle, die ich einst einmal gelesen, ja, die ich selbst gedichtet, und ich sei jetzt in mein eigenes Gedicht hineingezaubert worden, und erschräke vor den Gebilden meiner eigenen Schöpfung. Vielleicht auch, dacht ich, ist das Ganze wirklich nur ein Traum, und ich hätte herzlich gern einen Taler für eine einzige Ohrfeige gegeben, bloß um dadurch zu erfahren, ob ich wachte oder schlief.

Wenig fehlte, und ich hätte diesen Artikel noch wohlfeiler eingehandelt, als ich an der Ecke des Marktes über die dicke Obstfrau hinstolperte. Sie begnügte sich aber damit, mir einige wirkliche Feigen an die Ohren zu werfen, und ich gewann dadurch die Überzeugung, daß ich mich in der wirklichsten Wirklichkeit befand, mitten auf dem Marktplatz von Trient, neben dem großen Brunnen, aus dessen kupfernen Tritonen und Delphinen die silberklaren Wasser gar lieblich ermunternd emporsprangen. Links stand ein alter Palazzo, dessen Wände mit buntallegorischen Figuren bemalt waren und auf dessen Terrasse einige grau österreichische Soldaten zum Heldentume abgerichtet wurden. Rechts stand ein gotisch-lombardisch kaprizioses Häuslein, in dessen Innerm eine süße, flatterhafte Mädchenstimme so keck und lustig trillerte, daß die verwitterten Mauern vor Vergnügen oder Baufälligkeit zitterten, während oben aus dem Spitzfenster eine schwarze, labyrinthisch gekräuselte, komödiantenhafte Frisur herausguckte, worunter ein scharfgezeichnetes, dünnes Gesicht hervortrat, das nur auf der linken Wange geschminkt war, und daher aussah wie ein Pfannkuchen, der erst auf einer Seite gebacken ist. Vor mir aber, in der Mitte, stand der uralte Dom, nicht groß, nicht düster, sondern wie ein heiterer Greis, recht bejahrt zutraulich und einladend.

Als ich den grünseidenen Vorhang, der den Eingang des Doms bedeckte, zurückschob und eintrat in das Gotteshaus, wurde mir Leib und Herz angenehm erfrischt von der lieblichen Luft, die dort wehte, und von dem besänftigend magischen Lichte, das durch die buntbemalten Fenster auf die betende Versammlung herabfloß. Es waren meistens Frauenzimmer, in lange Reihen hingestreckt auf den niedrigen Betbänken. Sie beteten bloß mit leiser Lippenbewegung und fächerten sich dabei beständig mit großen grünen Fächern, so daß man nichts hörte als ein unaufhörlich heimliches Wispern, und nichts sah als Fächerschlag und wehende Schleier. Der knarrende Tritt meiner Stiefeln störte manche schöne Andacht, und große katholische Augen sahen mich an, halb neugierig, halb liebwillig, und mochten mir wohl raten, mich ebenfalls hinzustrecken und Seelensieste zu halten.

Wahrlich, ein solcher Dom mit seinem gedämpften Lichte und seiner wehenden Kühle ist ein angenehmer Aufenthalt, wenn draußen greller Sonnenschein und drückende Hitze. Davon hat man gar keinen Begriff in unserem protestantischen Norddeutschland, wo die Kirchen nicht so komfortabel gebaut sind und das Licht so frech durch die unbemalten Vernunftscheiben hineinschießt und selbst die kühlen Predigten vor der Hitze nicht genug schützen. Man mag sagen, was man will, der Katholizismus ist eine gute Sommerreligion. Es läßt sich gut liegen auf den Bänken dieser alten Dome, man genießt dort die kühle Andacht, ein heiliges Dolce far niente, man betet und träumt und sündigt in Gedanken, die Madonnen nicken so verzeihend aus ihren Nischen, weiblich gesinnt verzeihen sie sogar, wenn man ihre eignen holden Züge in die sündigen Gedanken verflochten hat, und zum Überfluß steht noch in jeder Ecke ein brauner Notstuhl des Gewissens, wo man sich seiner Sünden entledigen kann.

Als ich wieder über den Marktplatz ging, grüßte mich an der Ecke die bereits erwähnte Obstfrau recht freundlich und recht zutraulich, als wären wir alte Bekannte. Gleichviel, dacht ich, wie man eine Bekanntschaft macht, wenn man nur mit einander bekannt wird. Ein Paar an die Ohren geworfene Feigen sind zwar nicht immer die beste Introduktion; aber ich und die Obstfrau sahen uns jetzt doch so freundlich an, als hätten wir uns wechselseitig die besten Empfehlungsschreiben überreicht. Die Frau hatte auch keineswegs ein übles Aussehn. Sie war freilich schon etwas in jenem Alter, wo die Zeit unsere Dienstjahre mit fatalen Chevrons auf die Stirne anzeichnet, jedoch dafür war sie auch desto korpulenter, und was sie an Jugend eingebüßt, das hatte sie an Gewicht gewonnen. Dazu trug ihr Gesicht noch immer die Spuren großer Schönheit, und wie auf alten Töpfen stand darauf geschrieben: »lieben und geliebt zu werden, ist das größte Glück auf Erden.« Was ihr aber den köstlichsten Reiz verlieh, das war die Frisur, die gekräuselten Locken, kreideweiß gepudert, mit Pomade reichlich gedüngt und idyllisch mit weißen Glockenblumen durchschlungen. Ich betrachtete diese Frau mit derselben Aufmerksamkeit wie irgend ein Antiquar seine ausgegrabenen Marmortorsos betrachtet, ich konnte an jener lebenden Menschenruine noch viel mehr studieren, ich konnte die Spuren aller Zivilisationen Italiens an ihr nachweisen, der etruskischen, römischen, gotischen, lombardischen, bis herab auf die gepudert moderne, und recht interessant war mir das zivilisierte Wesen dieser Frau im Kontrast mit Gewerb und leidenschaftlicher Gewöhnung. Nicht minder interessant waren mir die Gegenstände ihres Gewerbes, die frischen Mandeln, die ich noch nie in ihrer ursprünglich grünen Schale gesehn, und die duftig frischen Feigen, die hochaufgeschüttet lagen, wie bei uns die Birnen. Auch die großen Körbe mit frischen Zitronen und Orangen ergötzten mich; und wunderlieblicher Anblick! in einem leeren Korbe daneben lag ein bildschöner Knabe, der ein kleines Glöckchen in den Händen hielt, und während jetzt die große Domglocke läutete, zwischen jedem Schlag derselben mit seinem kleinen Glöckchen klingelte, und dabei so weltvergessen selig in den blauen Himmel hineinlächelte, daß mir selbst wieder die drolligste Kinderlaune im Gemüte aufstieg, und ich mich, wie ein Kind, vor die lachenden Körbe hinstellte und naschte und mit der Obstfrau diskurierte.

Wegen meines gebrochenen Italienischsprechens hielt sie mich im Anfang für einen Engländer; aber ich gestand ihr, daß ich nur ein Deutscher sei. Sie machte sogleich viele geographische, ökonomische, hortologische, klimatische Fragen über Deutschland, und wunderte sich, als ich ihr ebenfalls gestand, daß bei uns keine Zitronen wachsen, daß wir die wenigen Zitronen, die wir aus Italien bekommen, sehr pressen müssen, wenn wir Punsch machen, und daß wir dann aus Verzweiflung desto mehr Rum zugießen. Ach liebe Frau! sagte ich ihr, in unserem Lande ist es sehr frostig und feucht, unser Sommer ist nur ein grün angestrichener Winter, sogar die Sonne muß bei uns eine Jacke von Flanell tragen, wenn sie sich nicht erkälten will; bei diesem gelben Flanellsonnenschein können unsere Früchte nimmermehr gedeihen, sie sehen verdrießlich und grün aus, und unter uns gesagt, das einzige reife Obst, das wir haben, sind gebratene Äpfel. Was die Feigen betrifft, so müssen wir sie ebenfalls, wie die Zitronen und Orangen, aus fremden Ländern beziehen, und durch das lange Reisen werden sie dumm und mehlig; nur die schlechteste Sorte können wir frisch aus der ersten Hand bekommen, und diese ist so bitter, daß, wer sie umsonst bekommt, noch obendrein eine Realinjurienklage anstellt. Von den Mandeln haben wir bloß die geschwollenen. Kurz, uns fehlt alles edle Obst, und wir haben nichts als Stachelbeeren, Birnen, Haselnüsse, Zwetschen und dergleichen Pöbel.

Ich freute mich wirklich, schon gleich bei meiner Ankunft in Italien eine gute Bekanntschaft gemacht zu haben, und hätten mich nicht wichtige Gefühle nach Süden gezogen, so wäre ich vor der Hand in Trient geblieben, bei der guten Obstfrau, bei den guten Feigen und Mandeln, bei dem kleinen Glöckner, und soll ich die Wahrheit sagen, bei den schönen Mädchen, die rudelweise vorbeiströmten. Ich weiß nicht, ob andere Reisende hier das Beiwort »schön« billigen werden; mir aber gefielen die Trienterinnen ganz ausnehmend gut. Es war just die Sorte, die ich liebe: und ich liebe diese blassen, elegischen Gesichter, wo die großen, schwarzen Augen so liebeskrank herausstrahlen; ich liebe auch den dunkeln Teint jener stolzen Hälse, die schon Phöbos geliebt und braun geküßt hat; ich liebe sogar jene überreife Nacken, worin purpurne Pünktchen, als hätten lüsterne Vögel daran gepickt; vor allem aber liebe ich jenen genialen Gang, jene stumme Musik des Leibes, jene Glieder, die sich in den süßesten Rhythmen bewegen, üppig, schmiegsam, göttlich liederlich, sterbefaul, dann wieder ätherisch erhaben, und immer hochpoetisch. Ich liebe dergleichen, wie ich die Poesie selbst liebe, und diese melodisch bewegten Gestalten, dieses wunderbare Menschenkonzert, das an mir vorüberrauschte, fand sein Echo in meinem Herzen, und weckte darin die verwandten Töne.

Es war jetzt nicht mehr die Zaubermacht der ersten Überraschung, die Märchenhaftigkeit der wildfremden Erscheinung, es war schon der ruhige Geist, der, wie ein wahrer Kritiker ein Gedicht liest, jene Frauenbilder mit entzückt besonnenem Auge betrachtete. Und bei solcher Betrachtung entdeckt man viel, viel Trübes, den Reichtum der Vergangenheit, die Armut der Gegenwart und den zurückgebliebenen Stolz. Gern möchten die Töchter Trients sich noch schmücken wie zu den Zeiten des Konziliums, wo die Stadt blühte in Samt und Seide; aber das Konzilium hat wenig ausgerichtet, der Samt ist abgeschabt, die Seide zerfetzt, und den armen Kindern blieb nichts als kümmerlicher Flitterstaat, den sie in der Woche ängstlich schonen, und womit sie sich nur noch des Sonntags putzen. Manche aber entbehren auch dieser Reste eines verschollenen Luxus, und müssen sich mit allerlei ordinären und wohlfeilen Fabrikaten unsers Zeitalters behelfen. Da gibt es nun gar rührende Kontraste zwischen Leib und Kleid; der feingeschnittene Mund scheint fürstlich gebieten zu dürfen, und wird höhnisch überschattet von einem armseligen Basthut mit zerknitterten Papierblumen, der stolzeste Busen wogt in einer Krause von plump falschen Garnspitzen, und die geistreichsten Hüften umschließt der dümmste Kattun. Wehmut, dein Name ist Kattun, und zwar braungestreifter Kattun! Denn ach! nie hat mich etwas wehmütiger gestimmt als der Anblick einer Trienterin, die an Gestalt und Gesichtsfarbe einer marmornen Göttin glich, und auf diesem antik edlen Leib ein Kleid von braungestreiftem Kattun trug, so daß es aussah, als sei die steinerne Niobe plötzlich lustig geworden und habe sich maskiert in unsere moderne Kleintracht, und schreite bettelstolz und grandios unbeholfen durch die Straßen Trients.

Als ich nach der Locanda dell' Grande Europa zurückkehrte, wo ich mir ein gutes Pranzo bestellt hatte, war mir wirklich so wehmütig zu Sinn, daß ich nicht essen konnte, und das will viel sagen. Ich setzte mich vor die Türe der nachbarlichen Botega, erfrischte mich mit Sorbet und sprach in mich hinein:

Grillenhaftes Herz! jetzt bist du ja in Italien – warum tirilierst du nicht? Sind vielleicht die alten deutschen Schmerzen, die kleinen Schlangen, die sich tief in dir verkrochen, jetzt mit nach Italien gekommen, und sie freuen sich jetzt, und eben ihr gemeinschaftlicher Jubel erregt nun in der Brust jenes pittoreske Weh, das darin so seltsam sticht und hüpft und pfeift? Und warum sollten sich die alten Schmerzen nicht auch einmal freuen? Hier in Italien ist es ja so schön, das Leiden selbst ist hier so schön, in diesen gebrochenen Marmorpalazzos klingen die Seufzer viel romantischer als in unseren netten Ziegelhäuschen, unter jenen Lorbeerbäumen läßt sich viel wollüstiger weinen als unter unseren mürrisch zackigen Tannen, und nach den idealischen Wolkenbildern des himmelblauen Italiens läßt sich viel süßer hinaufschmachten als nach dem aschgrau deutschen Werkeltagshimmel, wo sogar die Wolken nur ehrliche Spießbürgerfratzen schneiden und langweilig herabgähnen! Bleibt nur in meiner Brust, Ihr Schmerzen! Ihr findet nirgends ein besseres Unterkommen. Ihr seid mir lieb und wert, und keiner weiß Euch besser zu hegen und zu pflegen als ich, und ich gestehe Euch, Ihr macht mir Vergnügen. Und überhaupt, was ist denn Vergnügen? Vergnügen ist nichts als ein höchst angenehmer Schmerz.

Ich glaube, die Musik, die, ohne daß ich darauf achtete, vor der Botega erklang, und einen Kreis von Zuschauern schon um sich gezogen, hatte melodramatisch diesen Monolog begleitet. Es war ein wunderliches Trio, bestehend aus zwei Männern und einem jungen Mädchen, das die Harfe spielte. Der eine von jenen beiden, winterlich gekleidet in einen weißen Flausrock, war ein stämmiger Mann mit einem dickroten Banditengesicht, das aus den schwarzen Haupt- und Barthaaren, wie ein drohender Komet, hervorbrannte, und zwischen den Beinen hielt er eine ungeheure Baßgeige, die er so wütend strich, als habe er in den Abruzzen einen armen Reisenden niedergeworfen und wolle ihm geschwinde die Gurgel abfiedeln; der andre war ein langer, hagerer Greis, dessen morsche Gebeine in einem abgelebt schwarzen Anzuge schlotterten, und dessen schneeweiße Haare mit seinem Buffogesang und seinen närrischen Kapriolen gar kläglich kontrastierten. Ist es schon betrübend, wenn ein alter Mann die Ehrfurcht, die man seinen Jahren schuldig ist, aus Not verkaufen, und sich zur Possenreißerei hergeben muß; wie viel trübseliger ist es noch, wenn er solches in Gegenwart oder gar in Gesellschaft seines Kindes tut!

Es war ein echt italienisches Musikstück, aus irgend einer beliebten Opera Buffa, jener wundersamen Gattung, die dem Humor den freiesten Spielraum gewährt und worin er sich all seiner springenden Lust, seiner tollen Empfindelei, seiner lachenden Wehmut, und seiner lebenssüchtigen Todesbegeisterung überlassen kann. Es war ganz Rossinische Weise, wie sie sich im »Barbier von Sevilla« am lieblichsten offenbart. Die Verächter italienischer Musik, die auch dieser Gattung den Stab brechen, werden einst in der Hölle ihrer wohlverdienten Strafe nicht entgehen und sind vielleicht verdammt, die lange Ewigkeit hindurch nichts anderes zu hören als Fugen von Sebastian Bach. Leid ist es mir um so manchen meiner Kollegen, z. B. um Rellstab, der ebenfalls dieser Verdammnis nicht entgehen wird, wenn er sich nicht vor seinem Tode zu Rossini bekehrt. Rossini, *divino Maestro*, Helios von Italien, der du deine klingenden Strahlen über die Welt verbreitest! verzeih meinen armen Landsleuten, die dich lästern auf Schreibpapier und auf Löschpapier! Ich aber erfreue mich deiner goldenen Töne, deiner melodischen Lichter, deiner funkelnden Schmetterlingsträume, die mich so lieblich umgaukeln, und mir das Herz küssen wie mit Lippen der Grazien! *Divino Maestro*, verzeih meinen armen Landsleuten, die deine Tiefe nicht sehen, weil du sie mit Rosen bedeckst, und denen du nicht gedankenschwer und gründlich genug bist, weil du so leicht flatterst, so gottbeflügelt! – Freilich, um die heutige italienische Musik zu lieben und durch die Liebe zu verstehn, muß man das Volk selbst vor Augen haben, seinen Himmel, seinen Charakter, seine Mienen, seine Leiden, seine Freuden, kurz seine ganze Geschichte, von Romulus, der das heilige römische Reich gestiftet, bis auf die neueste Zeit, wo es zu Grunde ging, unter Romulus Augustulus II. Dem armen geknechteten Italien ist ja das Sprechen verboten, und es darf nur durch Musik die Gefühle seines Herzens kund geben. All sein Groll gegen fremde Herrschaft, seine Begeisterung für die Freiheit, sein Wahnsinn über das Gefühl der Ohnmacht, seine Wehmut bei der Erinnerung an vergangene Herrlichkeit, dabei sein leises Hoffen, sein Lauschen, sein Lechzen nach Hülfe, alles dieses verkappt sich in jene Melodien, die von grotesker Lebenstrunkenheit zu elegischer Weichheit herabgleiten, und in jene Pantomimen, die von schmeichelnden Caressen zu drohendem Ingrimm überschnappen. Das ist der esoterische Sinn der Opera Buffa. Die exoterische Schildwache, in deren Gegenwart sie gesungen und dargestellt wird, ahnt nimmermehr die Bedeutung dieser heiteren Liebesgeschichten, Liebesnöten und Liebesneckereien, worunter der Italiener seine tödlichsten Befreiungsgedanken verbirgt, wie Harmodius und Aristogiton ihren Dolch verbargen in einem Kranze von Myrten. Das ist halt närrisches Zeug, sagt die exoterische Schildwache, und es ist gut, daß sie nichts merkt. Denn sonst würde der Impresario, mitsamt der Prima Donna und dem Primo Uomo, bald jene Bretter betreten, die eine Festung bedeuten; es würde eine Untersuchungskommission niedergesetzt werden, alle staatsgefährlichen Triller und revolutionärrischen Koloraturen kämen zu Protokoll, man würde eine Menge Arlekine, die in weiteren Verzweigungen verbrecherischer Umtriebe verwickelt sind, auch den Tartaglia, den Brighella, sogar den alten bedächtigen Pantalon arretieren, dem Dottore von Bologna würde man die Papiere versiegeln, er selbst würde sich in noch größeren Verdacht hineinschnattern, und Columbine müßte sich, über dieses Familienunglück, die Augen rot weinen.

Die kleine Harfenistin mußte wohl bemerkt haben, daß ich, während sie sang und spielte, oft nach ihrer Busenrose hinblickte, und als ich nachher auf den zinnernen Teller, womit sie ihr Honorar einsammelte, ein Geldstück warf, das nicht allzuklein war, da lächelte sie schlau und frug heimlich: ob ich ihre Rose haben wolle?

Nun bin ich aber der höflichste Mensch von der Welt, und um die Welt! möchte ich nicht eine Rose beleidigen, und sei es auch eine Rose, die sich schon ein bißchen verduftet hat. Und wenn sie auch nicht mehr, so dacht ich, ganz frisch riecht, und nicht mehr im Geruche der Tugend ist, wie etwa die Rose von Saron, was kümmert es mich, der ich ja doch den Stockschnupfen habe! Und nur die Menschen nehmens so genau. Der Schmetterling fragt nicht die Blume: hat schon ein anderer dich geküßt? Und diese fragt nicht: hast du schon eine andere umflattert? Dazu kam noch, daß die Nacht hereinbrach, und des Nachts, dacht ich, sind alle Blumen grau, die sündigste Rose eben so gut wie die tugendhafteste Petersilie. Kurz und gut, ohne allzu langes Zögern sagte ich zu der kleinen Harfenistin: *Si Signora* – – –

Mein Vetturin hatte früher denn Helios seine Gäule angeschirrt, und schon um Mittagszeit erreichten wir Ala. Hier pflegen die Vetturine einige Stunden zu halten, um ihre Wagen zu wechseln.

Ala ist schon ein echt italienisches Nest. Die Lage ist pittoresk, an einem Berghang, ein Fluß rauscht vorbei, heitergrüne Weinreben umranken hie und da die übereinanderstolpernden, zusammengeflickten Bettlerpaläste. An der Ecke des windschiefen Marktes, der so klein ist wie ein Hühnerhof, steht mit großmächtigen, gigantischen Buchstaben: *Piazza di San Marco.*

Das Wirtshaus, wo ich einkehrte und zu Mittag speiste, war ebenfalls schon von echt italienischer Art. Oben, auf dem ersten Stockwerk, eine freie Estrade mit der Aussicht nach dem Hofe, wo zerschlagene Wagen und sehnsüchtige Misthaufen lagen, Truthähne mit närrisch roten Schnabellappen und bettelstolze Pfauen einherspazierten, und ein halb Dutzend zerlumpter, sonnverbrannter Buben sich nach der Bell- und Lancasterschen Methode lausten. Auf jener Estrade, längs dem gebrochenen Eisengeländer, gelangt man in ein weites hallendes Zimmer. Fußboden von Marmor, in der Mitte ein breites Bett, worauf die Flöhe Hochzeit halten; überall großartiger Schmutz. Der Wirt sprang hin und her, um meine Wünsche zu vernehmen. Er trug einen hastig grünen Leibrock und ein vielfältig bewegtes Gesicht, worin eine lange höckerige Nase, mit einer haarigen roten Warze, die mitten darauf saß, wie ein rotjäckiger Affe auf dem Rücken eines Kamels. Er sprang hin und her, und es war dann, als ob das rote Äffchen auf seiner Nase ebenfalls hin und her spränge. Es dauerte aber eine Stunde, ehe er das mindeste brachte, und wenn ich deshalb schalt, so beteuerte er, daß ich schon sehr gut Italienisch spreche.

Ich mußte mich lange mit dem lieblichen Bratenduft begnügen, der mir entgegenwogte aus der türlosen Küche gegenüber, wo Mutter und Tochter neben einander saßen und sangen und Hühner rupften. Erstere war remarkabel korpulent; Brüste, die sich überreichlich hervorbäumten, die jedoch noch immer klein waren im Vergleich mit dem kolossalen Hintergestell, so daß jene erst die Institutionen zu sein schienen, dieses aber ihre erweiterte Ausführung als Pandekten. Die Tochter, eine nicht sehr große, aber stark geformte Person, schien sich ebenfalls zur Korpulenz hinzuneigen; aber ihr blühendes Fett war keineswegs mit dem alten Talg der Mutter zu vergleichen. Ihre Gesichtszüge waren nicht sanft, nicht jugendlich liebreizend, jedoch schön gemessen, edel, antik; Locken und Augen brennend schwarz. Die Mutter hingegen hatte flache, stumpfe Gesichtszüge, eine rosenrote Nase, blaue Augen, wie Veilchen in Milch gekocht, und lilienweiß gepuderte Haare. Dann und wann kam der Wirt, *il Signor padre,* herangesprungen, und fragte nach irgend einem Geschirr oder Geräte, und im Rezitativ bekam er die ruhige Weisung, es selbst zu suchen. Dann schnalzte er mit der Zunge, kramte in den Schränken, kostete aus den kochenden Töpfen, verbrannte sich das Maul und sprang wieder fort, und mit ihm sein Nasenkamel und das rote Äffchen. Hinter ihnen drein schlugen dann die lustigsten Triller, wie liebreiche Verhöhnung und Familienneckerei.

Aber diese gemütliche, fast idyllische Wirtschaft unterbrach plötzlich ein Donnerwetter; ein vierschrötiger Kerl mit einem brüllenden Mordgesicht stürzte herein, und schrie etwas, das ich nicht verstand. Als beide Frauenzimmer verneinend die Köpfe schüttelten, geriet er in die tollste Wut und spie Feuer und Flamme, wie ein kleiner Vesuv, der sich ärgert. Die Wirtin schien in Angst zu geraten, und flüsterte begütigende Worte, die aber eine entgegengesetzte Wirkung hervorbrachten, so daß der rasende Mensch eine eiserne Schaufel ergriff, einige unglückliche Teller und Flaschen zerschlug, und auch die arme Frau geschlagen haben würde, hätte nicht die Tochter ein langes Küchenmesser erfaßt und ihn niederzustechen gedroht, im Fall er nicht sogleich abzöge.

Es war ein schöner Anblick, das Mädchen stand da blaßgelb und vor Zorn erstarrend, wie ein Marmorbild, die Lippen ebenfalls bleich, die Augen tief und tödlich, eine blaugeschwollene Ader quer über der Stirn, die schwarzen Locken wie flatternde Schlangen, in den Händen ihr blutiges Messer – Ich schauerte vor Lust, denn leibhaftig sah ich vor mir das Bild der Medea, wie ich es oft geträumt in meinen Jugendnächten, wenn ich entschlummert war an dem lieben Herzen Melpomenes, der finster schönen Göttin.

Während dieser Szene kam der *Signor Padre* nicht im mindesten aus dem Geleise, mit geschäftiger Seelenruhe raffte er die Scherben vom Boden auf, suchte die Teller zusammen, die noch am Leben geblieben, brachte mir darauf: Zuppa mit Parmesankäse, einen Braten, derb und fest wie deutsche Treue, Krebse rot wie Liebe, grünen Spinat wie Hoffnung mit Eier, und zum Dessert gestovte Zwiebeln, die mir Tränen der Rührung aus den Augen lockten. Das hat nichts zu bedeuten, das ist nun mal Pietros Methode, sprach er, als ich verwundert nach der Küche zeigte; und wirklich, nachdem der Urheber des Zanks sich entfernt hatte, schien es, als ob dort gar nichts vorgefallen sei, Mutter und Tochter saßen wieder ruhig nach wie vor, und sangen und rupften Hühner.

Die Rechnung überzeugte mich, daß auch der *Signor Padre* sich aufs Rupfen verstand, und als ich ihm dennoch, außer der Zahlung, etwas für die gute Hand gab, da nieste er so vergnügt stark, daß das Äffchen beinah von seinem Sitze herabgefallen wäre. Hierauf winkte ich freundlich hinüber nach der Küche, freundlich war der Gegengruß, bald saß ich in dem eingetauschten Wagen, fuhr rasch hinab in die lombardische Ebene, und erreichte gegen Abend die uralte, weltberühmte Stadt Verona.

Die bunte Gewalt der neuen Erscheinungen bewegte mich in Trient nur dämmernd und ahndungsvoll, wie Märchenschauer; in Verona aber erfaßte sie mich wie ein mächtiger Fiebertraum voll heißer Farben, scharfbestimmter Formen, gespenstischer Trompetenklänge und fernen Waffengeräusches. Da war manch verwitterter Palast, der mich so stier ansah, als wollte er mir ein altes Geheimnis anvertrauen, und er scheuete sich nur vor dem Gewühl der zudringlichen Tagesmenschen, und bäte mich, zur Nachtzeit wieder zu kommen. Jedoch trotz dem Gelärm des Volkes und trotz der wilden Sonne, die ihr rotes Licht hineingoß, hat doch hie und da ein alter dunkler Turm mir ein bedeutendes Wort zugeworfen, hie und da vernahm ich das Geflüster gebrochener Bildsäulen, und als ich gar über eine kleine Treppe ging, die nach der Piazza de' Signori führte, da erzählten mir die Steine eine furchtbar blutige Geschichte, und ich las an der Ecke die Worte: *Scala mazzanti*.

Verona, die uralte, weltberühmte Stadt, gelegen auf beiden Seiten der Etsch, war immer gleichsam die erste Station für die germanischen Wandervölker, die ihre kalt-nordischen Wälder verließen und über die Alpen stiegen, um sich im güldenen Sonnenschein des lieblichen Italiens zu erlustigen. Einige zogen weiter hinab, anderen gefiel es schon gut genug am Orte selbst, und sie machten es sich heimatlich bequem und zogen seidne Hausgewänder an und ergingen sich friedlich unter Blumen und Zypressen, bis neue Ankömmlinge, die noch ihre frischen Eisenkleider anhatten, aus dem Norden kamen und sie verdrängten – eine Geschichte, die sich oft wiederholte und von den Historikern die Völkerwanderung genannt wird. Wandelt man jetzt durch das Weichbild Veronas, so findet man überall die abenteuerlichen Spuren jener Tage, so wie auch die Spuren der älteren und der späteren Zeiten. An die Römer mahnt besonders das Amphitheater und der Triumphbogen; an die Zeit des Theoderichs, des Dietrichs von Bern, von dem die Deutschen noch singen und sagen, erinnern die fabelhaften Reste so mancher byzantinisch vorgotischen Bauwerke; tolle Trümmer erinnern an König Alboin und seine wütenden Longobarden; sagenreiche Denkmale mahnen an Carolum Magnum, dessen Paladine an der Pforte des Doms eben so fränkisch roh gemeißelt sind, wie sie gewiß im Leben gewesen – es will uns bedünken, als sei die Stadt eine große Völkerherberge, und gleich wie man in Wirtshäusern seinen Namen auf Wand und Fenster zu schreiben pflegt, so habe dort jedes Volk die Spuren seiner Anwesenheit zurückgelassen, freilich oft nicht in der leserlichsten Schrift, da mancher deutsche Stamm noch nicht schreiben konnte, und sich damit behelfen mußte, zum Andenken etwas zu zertrümmern, welches auch hinreichend war, da diese Trümmer noch deutlicher sprechen als zierliche Buchstaben. Die Barbaren, welche jetzt die alte Herberge bezogen haben, werden nicht ermangeln, eben solche Denkmäler ihrer holden Gegenwart zu hinterlassen, da es ihnen an Bildhauern und Dichtern fehlt, um sich durch mildere Mittel im Andenken der Menschen zu erhalten.

Ich blieb nur einen Tag in Verona, in beständiger Verwunderung ob des nie Gesehenen, anstarrend jetzt die altertümlichen Gebäude, dann die Menschen, die in geheimnisvoller Hast dazwischen wimmelten, und endlich wieder den gottblauen Himmel, der das seltsame Ganze wie ein kostbarer Rahmen umschloß, und dadurch gleichsam zu einem Gemälde erhob. Es ist aber eigen, wenn man in dem Gemälde, das man eben betrachtet hat, selbst steckt, und hie und da von den Figuren desselben angelächelt wird, und gar von den weiblichen, wie's mir auf der Piazza delle Erbe so lieblich geschah. Das ist nämlich der Gemüsemarkt, und da gab es vollauf ergötzliche Gestalten,

Frauen und Mädchen, schmachtend großäugige Gesichter, süße wöhnliche Leiber, reizend gelb, naiv schmutzig, geschaffen viel mehr für die Nacht als für den Tag. Der weiße oder schwarze Schleier, den die Stadtfrauen auf dem Haupte tragen, war so listig um den Busen geschlagen, daß er die schönen Formen mehr verriet als verbarg. Die Mägde trugen Chignons, durchstochen mit einem oder mehreren goldnen Pfeilen, auch wohl mit einem eichelköpfigen Silberstäbchen. Die Bäuerinnen hatten meist kleine, tellerartige Strohhütchen mit kokettierenden Blumen an die eine Seite des Kopfes gebunden. Die Tracht der Männer war minder abweichend von der unsrigen, und nur die ungeheuern schwarzen Backenbärte, die aus der Krawatte hervorbuschten, waren mir hier, wo ich diese Mode zuerst bemerkte, etwas auffallend.

Betrachtete man aber genauer diese Menschen, die Männer wie die Frauen, so entdeckte man, in ihren Gesichtern und in ihrem ganzen Wesen, die Spuren einer Zivilisation, die sich von der unsrigen in sofern unterscheidet, daß sie nicht aus der Mittelalter-Barbarei hervorgegangen, sondern noch aus der Römerzeit herrührt, nie ganz vertilgt worden ist, und sich nur nach dem jedesmaligen Charakter der Landesherrscher modifiziert hat. Die Zivilisation hat bei diesen Menschen keine so auffallend neue Politur wie bei uns, wo die Eichenstämme erst gestern gehobelt worden sind, und alles noch nach Firnis riecht. Es scheint uns, als habe dieses Menschengewühl auf der Piazza delle Erbe im Laufe der Zeiten nur allmählig Röcke und Redensarten gewechselt, und der Geist der Gesittung habe sich dort wenig verändert. Die Gebäude aber, die diesen Platz umgeben, mögen nicht so leicht im Stande gewesen sein, mit der Zeit fortzuschreiten; doch schauen sie darum nicht minder anmutig, und ihr Anblick bewegt wunderbar unsre Seele. Da stehen hohe Paläste im venezianisch-lombardischen Stil, mit unzähligen Balkonen und lachenden Freskobildern; in der Mitte erhebt sich eine einzelne Denksäule, ein Springbrunnen und eine steinerne Heilige; hier schaut man den launig rot und weiß gestreiften Podesta, der hinter einem mächtigen Pfeilertor emporragt; dort wieder erblickt man einen altviereckigen Kirchturm, woran oben der Zeiger und das Zifferblatt der Uhr zur Hälfte zerstört ist, so daß es aussieht, als wolle die Zeit sich selber vernichten – über dem ganzen Platz liegt derselbe romantische Zauber, der uns so lieblich anweht aus den phantastischen Dichtungen des Ludovico Ariosto oder des Ludovico Tieck.

Nahe bei diesem Platze steht ein Haus, das man, wegen eines Hutes, der über dem inneren Tor in Stein gemeißelt ist, für den Palast der Capulets hält. Es ist jetzt eine schmutzige Kneipe für Fuhrleute und Kutscher, und als Herbergeschild hängt davor ein roter, durchlöcherter Blechhut. Unfern, in einer Kirche, zeigt man auch die Kapelle, worin der Sage nach das unglückliche Liebespaar getraut worden. Ein Dichter besucht gern solche Orte, wenn er auch selbst lächelt über die Leichtgläubigkeit seines Herzens. Ich fand in dieser Kapelle ein einsames

Frauenzimmer, ein kümmerlich verblichenes Wesen, das, nach langem Knien und Beten, seufzend aufstand, aus kranken, stillen Augen mich befremdet ansah, und endlich, wie mit gebrochenen Gliedern, fortschwankte.

Auch die Grabmäler der Scaliger sind unfern der Piazza delle Erbe. Sie sind so wundersam prächtig wie dieses stolze Geschlecht selbst, und es ist schade, daß sie in einem engen Winkel stehen, wo sie sich gleichsam zusammendrängen müssen, um so wenig Raum als möglich einzunehmen, und wo auch dem Beschauer nicht viel Platz bleibt, um sie ordentlich zu betrachten. Es ist, als sähen wir hier die geschichtliche Erscheinung dieses Geschlechtes vergleichnist; diese füllt ebenfalls nur einen kleinen Winkel in der allgemeinen italienischen Geschichte, aber dieser Winkel ist gedrängt voll von Tatenglanz, Gesinnungspracht und Übermutsherrlichkeit. Wie in der Geschichte, so sieht man sie auch auf ihren Monumenten, stolze, eiserne Ritter auf eisernen Rossen, vor allen herrlich Can Grande, der Oheim, und Mastino, der Neffe.

Über das Amphitheater von Verona haben viele gesprochen; man hat dort Platz genug zu Betrachtungen, und es gibt keine Betrachtungen, die sich nicht in den Kreis dieses berühmten Bauwerks einfangen ließen. Es ist ganz in jenem ernsten, tatsächlichen Stil gebaut, dessen Schönheit in der vollendeten Solidität besteht und, wie alle öffentlichen Gebäude der Römer, einen Geist ausspricht, der nichts anders ist als der Geist von Rom selbst. Und Rom? Wer ist so gesund unwissend, daß nicht heimlich bei diesem Namen sein Herz erbebte, und nicht wenigstens eine traditionelle Furcht seine Denkkraft aufrüttelte? Was mich betrifft, so gestehe ich, daß mein Gefühl mehr Angst als Freude enthielt, wenn ich daran dachte, bald umherzuwandeln auf dem Boden der alten Roma. Die alte Roma ist ja jetzt tot, beschwichtigte ich die zagende Seele, und du hast die Freude, ihre schöne Leiche ganz ohne Gefahr zu betrachten. Aber dann stieg wieder das Falstaffsche Bedenken in mir auf: wenn sie aber doch nicht ganz tot wäre, und sich nur verstellt hätte, und sie stände plötzlich wieder auf – es wäre entsetzlich!

Als ich das Amphitheater besuchte, wurde just Komödie darin gespielt; eine kleine Holzbude war nämlich in der Mitte errichtet, darauf ward eine italienische Posse aufgeführt, und die Zuschauer saßen unter freiem Himmel, teils auf kleinen Stühlchen, teils auf den hohen Steinbänken des alten Amphitheaters. Da saß ich nun und sah Brighellas und Tartaglias Spiegelfechtereien auf derselben Stelle, wo der Römer einst saß und seinen Gladiatoren und Tierhetzen zusah. Der Himmel über mir, die blaue Kristallschale, war noch derselbe wie damals. Es dunkelte allmählig, die Sterne schimmerten hervor, Truffaldino lachte, Smeraldina jammerte, endlich kam Pantalone und legte ihre Hände in einander. Das Volk klatschte Beifall und zog jubelnd von dannen. Das ganze Spiel hatte keinen Tropfen Blut gekostet. Es war aber nur ein Spiel. Die Spiele der Römer hingegen waren keine Spiele, diese Männer konnten sich nimmermehr am bloßen Schein ergötzen, es fehlte ihnen dazu die kindliche Seelenheiterkeit, und ernsthaft, wie sie waren, zeigte sich auch in ihren Spielen der barste, blutigste Ernst. Sie waren keine große Menschen, aber durch ihre Stellung waren sie größer als andre Erdenkinder, denn sie standen auf Rom. Sowie sie von den sieben Hügeln herabstiegen, waren sie klein. Daher die Kleinlichkeit, die wir da entdecken, wo ihr Privatleben sich ausspricht; und Herkulanum und Pompeji, jene Palimpsesten der Natur, wo jetzt wieder der alte Steintext hervorgegraben wird, zeigen dem Reisenden das römische Privatleben in kleinen Häuschen mit winzigen Stübchen, welche so auffallend kontrastieren gegen jene kolossalen Bauwerke, die das öffentliche Leben aussprachen, jene Theater, Wasserleitungen, Brunnen, Landstraßen, Brücken, deren Ruinen noch jetzt unser Staunen erregen. Aber das ist es ja eben; wie der Grieche groß ist durch die Idee der Kunst, der Hebräer durch die Idee eines heiligsten Gottes, so sind die Römer groß durch die Idee ihrer ewigen Roma, groß überall wo sie in der Begeisterung dieser Idee gefochten, geschrieben und gebaut haben. Je größer Rom wurde, je mehr erweiterte sich diese Idee, der Einzelne verlor sich darin, die Großen, die noch hervorragen, sind nur getragen von dieser Idee, und sie macht die Kleinheit der Kleinen noch bemerkbarer. Die Römer sind deshalb zugleich die größten Helden und die größten Satiriker gewesen, Helden, wenn sie handelten, während sie an Rom dachten, Satiriker, wenn sie an Rom dachten, während sie die Handlungen ihrer Genossen beurteilten. Gemessen mit solchem ungeheuren Maßstab, der Idee Rom, mußte selbst die größte Persönlichkeit zwerghaft erscheinen und somit der Spottsucht anheim fallen.

Ich ging noch lange umher spazieren auf den höheren Bänken des Amphitheaters, zurücksinnend in die Vergangenheit. Wie alle Gebäude im Abendlichte ihren inwohnenden Geist am anschaulichsten offenbaren, so sprachen auch diese Mauern zu mir, in ihrem fragmentarischen Lapidarstil, tiefernste Dinge; sie sprachen von den Männern des alten Roms, und mir war dabei, als sähe ich sie selber umher wandeln, weiße Schatten unter mir im dunkeln Zirkus. Mir war, als sähe ich die Gracchen, mit ihren begeisterten Märtyreraugen. Tiberius Sempronius, rief ich hinab, ich werde mit dir stimmen für das Agrarische Gesetz! Auch Cäsar sah ich, Arm in Arm wandelte er mit Marcus Brutus – Seid Ihr wieder versöhnt? rief ich. Wir glaubten beide Recht zu haben – lachte Cäsar zu mir herauf – ich wußte nicht, daß es noch einen Römer gab, und hielt mich deshalb für berechtigt, Rom in die Tasche zu stecken, und weil mein Sohn Marcus eben dieser Römer war, so glaubte er sich berechtigt, mich deshalb umzubringen. Hinter diesen beiden schlich Tiberius Nero, mit Nebelbeinen und unbestimmten Mienen. Auch Weiber sah ich dort wandeln, darunter Agrippina, mit ihrem schönen herrschsüchtigen Gesichte, das wundersam rührend anzusehen war, wie ein altes Marmorbild, in dessen Zügen der Schmerz wie versteinert erscheint. Wen suchst du, Tochter des Germanicus? Schon hörte ich sie klagen – da plötzlich erscholl das dumpfsinnige Geläute einer Betglocke und das fatale Getrommel des Zapfenstreichs. Die stolzen römischen Geister verschwanden, und ich war wieder ganz in der christlich österreichischen Gegenwart.

Auf dem Platze La Bra spaziert, sobald es dunkel wird, die schöne Welt von Verona, oder sitzt dort auf kleinen Stühlchen vor den Kaffeebuden, und schlürft Sorbet und Abendkühle und Musik. Da läßt sich gut sitzen, das träumende Herz wiegt sich auf süßen Tönen und erklingt im Widerhall. Manchmal, wie schlaftrunken, taumelt es auf, wenn die Trompeten erschallen, und es stimmt ein mit vollem Orchester. Dann ist der Geist wieder sonnig ermuntert, großblumige Gefühle und Erinnerungen mit tiefen schwarzen Augen blühen hervor, und drüber hin ziehen die Gedanken, wie Wolkenzüge, stolz und langsam und ewig.

Ich wandelte noch bis spät nach Mitternacht durch die Straßen Veronas, die allmählig menschenleer wurden und wunderbar widerhallten. Im halben Mondlicht dämmerten die Gebäude und ihre Bildwerke, und bleich und schmerzhaft sah mich an manch marmornes Gesicht. Ich eilte schnell den Grabmälern der Scaliger vorüber; denn mir schien, als wolle Can Grande, artig wie er immer gegen Dichter war, von seinem Rosse herabsteigen und mich als Wegweiser begleiten. Bleib du nur sitzen, rief ich ihm zu, ich bedarf deiner nicht, mein Herz ist der beste Cicerone und erzählt mir überall die Geschichten, die in den Häusern passiert sind, und bis auf Namen und Jahrzahl erzählt es sie treu genug.

Als ich an den römischen Triumphbogen kam, huschte eben ein schwarzer Mönch hindurch, und fernher erscholl ein deutsch brummendes Werda? Gut Freund! greinte ein vergnügter Diskant. Welchem Weibe aber gehörte die Stimme, die mir so süß unheimlich in die Seele drang, als ich über die Scala Mazzanti stieg? Es war Gesang wie aus der Brust einer sterbenden Nachtigall, todzärtlich, und wie hülferufend an den steinernen Häusern widerhallend. Auf dieser Stelle hat Antonio della Scala seinen Bruder Bartolomeo umgebracht, als dieser eben zur Geliebten gehen wollte. Mein Herz sagte mir, sie säße noch immer in ihrer Kammer, und erwarte den Geliebten, und sänge nur, um ihre ahnende Angst zu überstimmen.

»Kennst du das Land, wo die Zitronen blühen?«

Kennst du das Lied? Ganz Italien ist darin geschildert, aber mit den seufzenden Farben der Sehnsucht. In der »Italienischen Reise« hat es Goethe etwas ausführlicher besungen, und wo er malt, hat er das Original immer vor Augen, und man kann sich auf die Treue der Umrisse und der Farbengebung ganz verlassen. Ich finde es daher bequem, hier ein für allemal auf Goethes »Italienische Reise« hinzudeuten, um so mehr da er, bis Verona, dieselbe Tour, durch Tirol, gemacht hat. Ich habe schon früherhin über jenes Buch gesprochen, ehe ich den Stoff, den es behandelt, gekannt habe, und ich finde jetzt mein ahnendes Urteil vollauf bestätigt. Wir schauen nämlich darin überall tatsächliche Auffassung und die Ruhe der Natur. Goethe hält ihr den Spiegel vor, oder, besser gesagt, er ist selbst der Spiegel der Natur. Die Natur wollte wissen, wie sie aussieht, und sie erschuf Goethe. Sogar die Gedanken, die Intentionen der Natur vermag er uns widerzuspiegeln, und es ist einem hitzigen Goetheaner, zumal in den Hundstagen, nicht zu verargen, wenn er über die Identität der Spiegelbilder mit den Objekten selbst so sehr erstaunt, daß er dem Spiegel sogar Schöpfungskraft, die Kraft, ähnliche Objekte zu erschaffen, zutraut. Ein Herr Eckermann hat mal ein Buch über Goethe geschrieben, worin er ganz ernsthaft versichert: hätte der liebe Gott bei Erschaffung der Welt zu Goethe gesagt, »lieber Goethe, ich bin jetzt Gottlob fertig, ich habe jetzt Alles erschaffen, bis auf die Vögel und die Bäume, und du tätest mir eine Liebe, wenn du statt meiner diese Bagatellen noch erschaffen wolltest«, so würde Goethe, eben so gut wie der liebe Gott, diese Tiere und Gewächse ganz im Geiste der übrigen Schöpfung, nämlich die Vögel mit Federn, und die Bäume grün erschaffen haben.

Es liegt Wahrheit in diesen Worten, und ich bin sogar der Meinung, daß Goethe manchmal seine Sache noch besser gemacht hätte als der liebe Gott selbst, und daß er z. B. den Herrn Eckermann viel richtiger, ebenfalls mit Federn und grün erschaffen hätte. Es ist wirklich ein Schöpfungsfehler, daß auf dem Kopfe des Herrn Eckermann keine grünen Federn wachsen, und Goethe hat diesem Mangel wenigstens dadurch abzuhelfen gesucht, daß er ihm einen Doktorhut aus Jena verschrieben und eigenhändig aufgesetzt hat.

> Kennst du das Land, wo die Zitronen blühn?
> Im dunkeln Laub die Goldorangen glühn,
> Ein sanfter Wind vom blauen Himmel weht,
> Die Myrte still und hoch der Lorbeer steht,
> Kennst du es wohl?
> Dahin! dahin
> Möcht' ich mit dir, o mein Geliebter, ziehn.

– Aber reise nur nicht im Anfang August, wo man des Tags von der Sonne gebraten, und des Nachts von den Flöhen verzehrt wird. Auch rate ich dir, mein lieber Leser, von Verona nach Mailand nicht mit dem Postwagen zu fahren.

Ich fuhr, in Gesellschaft von sechs Banditen, in einer schwerfälligen Carrozza, die, wegen des allzugewaltigen Staubes, von allen Seiten so sorgfältig verschlossen wurde, daß ich von der Schönheit der Gegend wenig bemerken konnte. Nur zweimal, ehe wir Brescia erreichten, lüftete mein Nachbar das Seitenleder, um hinaus zu spucken. Das eine Mal sah ich nichts als einige schwitzende Tannen, die in ihren grünen Winterröcken von der schwülen Sonnenhitze sehr zu leiden schienen; das andere Mal sah ich ein Stück von einem wunderklaren blauen See, worin die Sonne und ein magerer Grenadier sich spiegelten. Letzterer, ein österreichischer Narziß, bewunderte mit kindischer

Freude, wie sein Spiegelbild ihm alles getreu nachmachte, wenn er das Gewehr präsentierte oder schulterte, oder zum Schießen auslegte.

Von Brescia selbst weiß ich ebenfalls wenig zu erzählen, indem ich die Zeit meines dortigen Aufenthalts dazu benutzte, ein gutes Pranzo einzunehmen. Man kann es einem armen Reisenden nicht verdenken, wenn er den Hunger des Leibes früher stillt als den des Geistes. Doch war ich gewissenhaft genug, ehe ich wieder in den Wagen stieg, einige Notizen über Brescia vom Cameriere zu erfragen; und da erfuhr ich unter anderem: die Stadt habe 40 000 Einwohner, ein Rathaus, 21 Kaffeehäuser, 20 katholische Kirchen, ein Tollhaus, eine Synagoge, eine Menagerie, ein Zuchthaus, ein Krankenhaus, ein eben so gutes Theater und einen Galgen für Diebe, die unter 100 000 Taler stehlen.

Um Mitternacht arrivierte ich in Mailand und kehrte ein bei Herrn Reichmann, einem Deutschen, der sein Hotel ganz nach deutscher Weise eingerichtet. Es sei das beste Wirtshaus in ganz Italien, sagten mir einige Bekannte, die ich dort wiederfand und die über italienische Gastwirte und Flöhe sehr schlecht zu sprechen waren. Da hörte ich nichts als ärgerliche Histörchen von italienischen Prellereien, und besonders Sir William fluchte und versicherte: wenn Europa der Kopf der Welt sei, so sei Italien das Diebesorgan dieses Kopfes. Der arme Baronet hat in der Locanda Croce bianca zu Padua nicht weniger als zwölf Francs für ein mageres Frühstück bezahlen müssen, und zu Vicenza hat ihm jemand ein Trinkgeld abgefordert, als er ihm einen Handschuh aufhob, den er beim Einsteigen in den Wagen fallen lassen. Sein Vetter Tom sagte: alle Italiener seien Spitzbuben bis auf den einzigen Umstand, daß sie nicht stehlen. Hätte er liebenswürdiger ausgesehen, so würde er auch die Bemerkung gemacht haben, daß alle Italienerinnen Spitzbübinnen sind. Der Dritte im Bunde war ein Mister Liver, den ich in Brighton als ein junges Kalb verlassen hatte, und jetzt in Mailand als einen *bœuf à la mode* wiederfand. Er war ganz als Dandy gekleidet, und ich habe nie einen Menschen gesehen, der es besser verstanden hätte, mit seiner Figur lauter Ecken hervorzubringen. Wenn er die Daumen in die Ärmelausschnitte der Weste einkrempte, machte er auch mit der Handwurzel und mit jedem Finger einige Ecken; ja sein Maul war sogar viereckig aufgesperrt. Dazu kommt ein eckiger Kopf, hinten schmal, oben spitz, mit kurzer Stirn und sehr langem Kinn. Unter den englischen Bekannten, die ich in Mailand wiedersah, war auch Livers dicke Tante; gleich einer Fettlawine war sie von den Alpen herabgekommen, in Gesellschaft zweier schneeweißen, schneekalten Schneegänschen, Miß Polly und Miß Molly.

Beschuldige mich nicht der Anglomanie, lieber Leser, wenn ich in diesem Buche sehr häufig von Engländern spreche; sie sind jetzt in Italien zu zahlreich, um sie übersehen zu können, sie durchziehen dieses Land in ganzen Schwärmen, lagern in allen Wirtshäusern, laufen überall umher, um alles zu sehen, und man kann sich keinen italienischen Zitronenbaum mehr denken ohne eine Engländerin, die daran riecht, und keine Galerie ohne ein Schock Engländer, die, mit ihrem Guide in der Hand, darin umherrennen und nachsehen, ob noch alles vorhanden, was in dem Buche als merkwürdig erwähnt ist. Wenn man jenes blonde, rotbäckige Volk mit seinen blanken Kutschen, bunten Lakaien, wiehernden Rennpferden, grünverschleierten Kammerjungfern und sonstig kostbaren Geschirren, neugierig und geputzt, über die Alpen ziehen und Italien durchwandern sieht, glaubt man eine elegante Völkerwanderung zu sehen. Und in der Tat, der Sohn Albions, obgleich er weiße Wäsche trägt und alles bar bezahlt, ist doch ein zivilisierter Barbar, in Vergleichung mit dem Italiener, der vielmehr eine in Barbarei übergehende Zivilisation bekundet. Jener zeigt in seinen Sitten eine zurückgehaltene Rohheit, dieser eine ausgelassene Feinheit. Und gar die blassen italienischen Gesichter, in den Augen das leidende Weiß, die Lippen krankhaft zärtlich, wie heimlich vornehm sind sie gegen die steif britischen Gesichter, mit ihrer pöbelhaft roten Gesundheit! Das ganze italienische Volk ist innerlich krank, und kranke Menschen sind immer wahrhaft vornehmer als Gesunde; denn nur der kranke Mensch ist ein Mensch, seine Glieder haben eine Leidensgeschichte, sie sind durchgeistet. Ich glaube sogar, durch Leidenskämpfe könnten die Tiere zu Menschen werden; ich habe mal einen sterbenden Hund gesehen, der in seinen Todesqualen mich fast menschlich ansah.

Der leidende Gesichtsausdruck wird bei den Italienern am sichtbarsten, wenn man mit ihnen vom Unglück ihres Vaterlandes spricht, und dazu gibts in Mailand genug Gelegenheit. Das ist die schmerzlichste Wunde in der Brust der Italiener, und sie zucken zusammen, sobald man diese nur leise berührt. Sie haben alsdann eine Bewegung der Achsel, die uns mit sonderbarem Mitleid erfüllt. Einer meiner Briten hielt die Italiener für politisch indifferent, weil sie gleichgültig zuzuhören schienen, wenn wir Fremde über die katholische Emanzipation und den Türkenkrieg politisierten; und er war ungerecht genug, gegen einen blassen Italiener mit pechschwarzem Barte sich darüber spöttisch zu äußern. Wir hatten den Abend vorher eine neue Oper in der Scala aufführen sehen, und den Mordspektakel gehört, der, wie gebräuchlich, bei solchen Anlässen statt findet. Ihr Italiener, sagte der Brite zu dem Blassen, scheint für alles abgestorben zu sein, außer für Musik, und nur noch diese vermag Euch zu begeistern. Sie tun uns Unrecht, sagte der Blasse und bewegte die Achsel. Ach! seufzte er hinzu, Italien sitzt elegisch träumend auf seinen Ruinen, und wenn es dann manchmal bei der Melodie irgend eines Liedes plötzlich erwacht und stürmisch emporspringt, so gilt diese Begeisterung nicht dem Liede selbst, sondern vielmehr den alten Erinnerungen und Gefühlen, die das Lied ebenfalls geweckt hat, die Italien immer im Herzen trug, und die jetzt gewaltig hervorbrausen – und das ist die Bedeutung des tollen Lärms, den Sie in der Scala gehört haben.

Obgleich ich, lieber Leser, jetzt schon Gelegenheit hätte, [...] dir meine Kunsturteile aufzutischen, so will ich doch diesen Kelch an dir vorüber gehen lassen, und mich mit der Bemerkung begnügen, daß ich das spitze Kinn, das den Bildern der lombardischen Schule einen Anstrich von Sentimentalität gibt, auch auf den Straßen von Mailand bei mancher schönen Lombardin gesehen habe. Es war mir immer außerordentlich belehrend, wenn ich mit den Werken einer Schule auch die Originale vergleichen konnte, die ihr als Modelle gedient haben; der Charakter der Schule kam mir dann klarer zur Anschauung. So ist mir auf dem Jahrmarkt zu Rotterdam der Jan Steen in seiner göttlichsten Heiterkeit plötzlich verständlich geworden; so habe ich späterhin am Long-Arno die Formenwahrheit und den tüchtigen Geist der Florentiner und auf dem San Marco die Farbenwahrheit und die träumerische Oberflächlichkeit der Venezianer begreifen lernen.

Indessen eine Merkwürdigkeit Mailands, die in jeder Hinsicht die größte ist, kann ich nicht unerwähnt lassen – das ist der Dom.

In der Ferne scheint es, als sei er aus weißem Postpapier geschnitzelt, und in der Nähe erschrickt man, daß dieses Schnitzwerk aus unwiderlegbarem Marmor besteht. Die unzähligen Heiligenbilder, die das ganze Gebäude bedecken, die überall unter den gotischen Krondächlein hervorgucken, und oben auf allen Spitzen gepflanzt stehen, dieses steinerne Volk verwirrt einem fast die Sinne. Betrachtet man das ganze Werk etwas länger, so findet man es doch recht hübsch, kolossal niedlich, ein Spielzeug für Riesenkinder. Im mitternächtlichen Mondschein gewährt es noch den besten Anblick, dann kommen all die weißen Steinmenschen aus ihrer wimmelnden Höhe herabgestiegen, und gehen mit einem über die Piazza, und flüstern einem alte Geschichten ins Ohr, putzig heilige, ganz geheime Geschichten von Galeazzo Visconti, der den Dombau begonnen, und von Napoleon Bonaparte, der ihn späterhin fortgesetzt.

Die Vollendung des Domes war einer von Napoleons Lieblingsgedanken, und er war nicht weit vom Ziele entfernt, als seine Herrschaft gebrochen wurde. Die Österreicher vollenden jetzt das Werk. Auch an dem berühmten Triumphbogen, der die Simplonstraße beschließen sollte, wird weiter gebaut. Freilich, Napoleons Standbild wird nicht, wie früher bestimmt war, auf die Spitze jenes Bogens gestellt werden. Immerhin, der große Kaiser hat ein Standbild hinterlassen, das viel besser ist und dauerhafter als Marmor, und das kein Österreicher unseren Blicken entziehen kann. Wenn wir anderen längst von der Sense der Zeit niedergemäht und wie Spreu des Feldes verweht sein werden, wird jenes Standbild noch unversehrt dastehen; neue Geschlechter werden aus der Erde hervorwachsen, werden schwindelnd an jenes Bild hinaufsehen, und sich wieder in die Erde legen; und die Zeit, unfähig solch Bild zu zerstören, wird es in sagenhafte Nebel zu hüllen suchen, und seine ungeheure Geschichte wird endlich ein Mythos.

Ich bitte dich, lieber Leser, halte mich nicht für einen unbedingten Bonapartisten; meine Huldigung gilt nicht den Handlungen, sondern nur dem Genius des Mannes. Unbedingt liebe ich ihn nur bis zum achtzehnten Brumaire – da verriet er die Freiheit. Und er tat es nicht aus Notwendigkeit, sondern aus geheimer Vorliebe für Aristokratismus.

Lieber Leser! wir wollen uns hier ein für allemal verständigen. Ich preise nie die Tat, sondern nur den menschlichen Geist, die Tat ist nur dessen Gewand, und die Geschichte ist nichts anders als die alte Garderobe des menschlichen Geistes. Doch die Liebe liebt zuweilen alte Röcke, und so liebe ich den Mantel von Marengo.

»Wir sind auf dem Schlachtfelde von Marengo.« Wie lachte mein Herz, als der Postillon diese Worte sprach! Ich war in Gesellschaft eines sehr artigen Livländers, der vielmehr den Russen spielte, des Abends von Mailand abgereist, und sah des folgenden Morgens die Sonne aufgehn über das berühmte Schlachtfeld.

Hier tat der General Bonaparte einen so starken Zug aus dem Kelch des Ruhmes, daß er im Rausche Konsul, Kaiser, Welteroberer wurde und sich erst zu St. Helena ernüchtern konnte. Es ist uns selbst nicht viel besser ergangen; wir waren mitberauscht, wir haben alles mitgeträumt, sind ebenfalls erwacht, und im Jammer der Nüchternheit machen wir allerlei verständige Reflexionen. Es will uns da manchmal bedünken, als sei der Kriegsruhm ein veraltetes Vergnügen, die Kriege bekämen eine edlere Bedeutung und Napoleon sei vielleicht der letzte Eroberer. Es hat wirklich den Anschein, als ob jetzt mehr geistige Interessen verfochten würden als materielle, und als ob die Welthistorie nicht mehr eine Räubergeschichte, sondern eine Geistergeschichte sein solle. Der Haupthebel, den ehrgeizige und habsüchtige Fürsten zu ihren Privatzwecken sonst so wirksam in Bewegung zu setzen wußten, nämlich die Nationalität mit ihrer Eitelkeit und ihrem Haß, ist jetzt morsch und abgenutzt; täglich verschwinden mehr und mehr die törichten Nationalvorurteile, alle schroffen Besonderheiten gehen unter in der Allgemeinheit der europäischen Zivilisation, es gibt jetzt in Europa keine Nationen mehr, sondern nur Parteien, und es ist ein wundersamer Anblick, wie diese, trotz der mannigfaltigsten Farben, sich sehr gut erkennen und trotz der vielen Sprachverschiedenheiten sich sehr gut verstehen.

[...] die Zeit drängt mit ihrer großen Aufgabe. Was ist aber diese große Aufgabe unserer Zeit? Es ist die Emanzipation. Nicht bloß die der Irländer, Griechen, Frankfurter Juden, westindischen Schwarzen und dergleichen gedrückten Volkes, sondern es ist die Emanzipation der ganzen Welt, absonderlich Europas, das mündig geworden ist, und sich jetzt losreißt von dem eisernen Gängelbande der Bevorrechteten, der Aristokratie. Mögen immerhin einige philosophische Renegaten der Freiheit die feinsten Kettenschlüsse schmieden, um uns zu beweisen, daß Millionen Menschen geschaffen sind als Lasttiere einiger tausend privilegierter Ritter; sie werden uns dennoch nicht davon überzeugen können, so lange sie uns, wie Voltaire sagt, nicht nachweisen, daß jene mit Sätteln auf dem Rücken und diese mit Sporen an den Füßen zur Welt gekommen sind.

Jede Zeit hat ihre Aufgabe, und durch die Lösung derselben rückt die Menschheit weiter. Die frühere Ungleichheit, durch das Feudalsystem in Europa gestiftet, war vielleicht notwendig, oder notwendige Bedingung zu den Fortschritten der Zivilisation; jetzt aber hemmt sie diese, empört sie die zivilisierten Herzen. Die Franzosen, das Volk der Gesellschaft, hat diese Ungleichheit, die mit dem Prinzip der Gesellschaft am unleidlichsten kollidiert, notwendigerweise am tiefsten erbittert, sie haben die Gleichheit zu erzwingen gesucht, indem sie die Häupter derjenigen, die durchaus hervorragen wollten, gelinde abschnitten, und die Revolution ward ein Signal für den Befreiungskrieg der Menschheit.

Laßt uns die Franzosen preisen! sie sorgten für die zwei größten Bedürfnisse der menschlichen Gesellschaft, für gutes Essen und bürgerliche Gleichheit, in der Kochkunst und in der Freiheit haben sie die größten Fortschritte gemacht, und wenn wir einst alle, als gleiche Gäste, das große Versöhnungsmahl halten und guter Dinge sind – denn was gäbe es Besseres als eine Gesellschaft von Pairs an einem gutbesetzten Tische? –, dann wollen wir den Franzosen den ersten Toast darbringen.

Lächle nicht, später Leser. Jede Zeit glaubt, ihr Kampf sei vor allen der wichtigste, dieses ist der eigentliche Glaube der Zeit, in diesem lebt sie und stirbt sie, und auch wir wollen leben und sterben in dieser Freiheitsreligion, die vielleicht mehr den Namen Religion verdient als das hohle ausgestorbene Seelengespenst, das wir noch so zu benennen pflegen – unser heiliger Kampf dünkt uns der wichtigste, wofür jemals auf dieser Erde gekämpft worden, obgleich historische Ahnung uns sagt, daß einst unsre Enkel auf diesen Kampf herabsehen werden, vielleicht mit demselben Gleichgültigkeitsgefühl, womit wir herabsehen auf den Kampf der ersten Menschen, die gegen eben so gierige Ungetüme, Lindwürmer und Raubriesen, zu kämpfen hatten.

Auf dem Schlachtfelde von Marengo kommen einem die Betrachtungen so scharenweis angeflogen, daß man glauben sollte, es wären dieselben, die dort so mancher plötzlich aufgeben mußte, und die nun, wie herrenlose Hunde, umherirren. Ich liebe Schlachtfelder, denn so furchtbar auch der Krieg ist, so bekundet er doch die geistige Größe des Menschen, der seinem mächtigsten Erbfeinde, dem Tode, zu trotzen vermag. Und gar dieses Schlachtfeld, wo die Freiheit auf Blutrosen tanzte, den üppigen Brauttanz! Frankreich war damals Bräutigam, hatte die ganze Welt zur Hochzeit geladen, und, wie es im Liede heißt,

Heida! am Polterabend,
Zerschlug man statt der Töpfe
Aristokratenköpfe.

Aber ach! jeder Zoll, den die Menschheit weiter rückt, kostet Ströme Blutes; und ist das nicht etwas zu teuer?

Ist das Leben des Individuums nicht vielleicht eben so viel wert wie das des ganzen Geschlechtes? Denn jeder einzelne Mensch ist schon eine Welt, die mit ihm geboren wird und mit ihm stirbt, unter jedem Grabstein liegt eine Weltgeschichte – Still davon, so würden die Toten sprechen, die hier gefallen sind, wir aber leben und wollen weiter kämpfen im heiligen Befreiungskriege der Menschheit.

Ich sah im Morgennebel den Mann mit dem dreieckigen Hütchen und dem grauen Schlachtmantel, er jagte dahin wie ein Gedanke, geisterschnell, in der Ferne erscholl es wie ein schaurig süßes *allons enfants de la patrie –*

Wie unter einem Triumphbogen von kolossalen Wolkenmassen zog die Sonne herauf, siegreich, heiter, sicher, einen schönen Tag verheißend. Mir aber war zu Mute wie dem armen Monde, der verbleichend noch am Himmel stand. Er hatte seine einsame Laufbahn durchwandelt, in öder Nachtzeit, wo das Glück schlief und nur Gespenster, Eulen und Sünder ihr Wesen trieben; und jetzt, wo der junge Tag hervorstieg, mit jubelnden Strahlen und flatterndem Morgenrot, jetzt mußte er von dannen – noch ein wehmütiger Blick nach dem großen Weltlicht, und er verschwand wie duftiger Nebel. Es wird ein schöner Tag werden! rief mein Reisegefährte aus dem Wagen mir zu. Ja, es wird ein schöner Tag werden, wiederholte leise mein betendes Herz, und zitterte vor Wehmut und Freude. Ja, es wird ein schöner Tag werden, die Freiheitssonne wird die Erde glücklicher wärmen als die Aristokratie sämtlicher Sterne; emporblühen wird ein neues Geschlecht, das erzeugt worden in freier Wahlumarmung, nicht im Zwangsbette und unter der Kontrolle geistlicher Zöllner; mit der freien Geburt werden auch in den Menschen freie Gedanken und Gefühle zur Welt kommen, wovon wir geborenen Knechte keine Ahnung haben. O! sie werden eben so wenig ahnen, wie entsetzlich die Nacht war, in deren Dunkel wir leben mußten, und wie grauenhaft wir zu kämpfen hatten, mit häßlichen Gespenstern, dumpfen Eulen und scheinheiligen Sündern!

Unfern von Genua, auf der Spitze der Apenninen, sieht man das Meer, zwischen den grünen Gebirgsgipfeln kommt die blaue Flut zum Vorschein, und Schiffe, die man hie und da erblickt, scheinen mit vollen Segeln über die Berge zu fahren. Hat man aber diesen Anblick zur Zeit der Dämmerung, wo die letzten Sonnenlichter mit den ersten Abendschatten ihr wunderliches Spiel beginnen, und alle Farben und Formen sich nebelhaft verweben: dann wird einem ordentlich märchenhaft zu Mute, der Wagen rasselt bergab, die schläfrig süßesten Bilder der Seele werden aufgerüttelt und nicken wieder ein, und es träumt einem endlich, man sei in Genua.

Diese Stadt ist alt ohne Altertümlichkeit, eng ohne Traulichkeit, und häßlich über alle Maßen. Sie ist auf einem Felsen gebaut, am Fuße von amphitheatralischen Bergen, die den schönsten Meerbusen gleichsam umarmen. Die Genueser erhielten daher von der Natur den besten und sichersten Hafen. Da, wie gesagt, die ganze Stadt auf einem einzigen Felsen steht, so mußten, der Raum-

Ersparnis wegen, die Häuser sehr hoch und die Straßen sehr eng gebaut werden, so daß diese fast alle dunkel sind, und nur auf zweien derselben ein Wagen fahren kann. Aber die Häuser dienen hier den Einwohnern, die meistens Kaufleute sind, fast nur zu Warenlagern, und des Nachts zu Schlafstellen; den schachernden Tag über laufen sie umher in der Stadt oder sitzen vor ihrer Haustüre, oder vielmehr in der Haustüre, denn sonst würden sich die Gegenüberwohnenden einander mit den Knien berühren.

Von der Seeseite, besonders gegen Abend, gewährt die Stadt einen bessern Anblick. Da liegt sie am Meere, wie das gebleichte Skelett eines ausgeworfenen Riesentiers, dunkle Ameisen, die sich Genueser nennen, kriechen darin herum, die blauen Meereswellen bespülen es plätschernd wie ein Ammenlied, der Mond, das blasse Auge der Nacht, schaut mit Wehmut darauf hinab.

Im Garten des Palazzo Doria steht der alte Seeheld als Neptun in einem großen Wasserbassin. Aber die Statue ist verwittert und verstümmelt, das Wasser ausgetrocknet, und die Möwen nisten in den schwarzen Zypressen. Wie ein Knabe, der immer seine Komödien im Kopf hat, dachte ich bei dem Namen Doria gleich an Friedrich Schiller, den edelsten, wenn auch nicht größten Dichter der Deutschen.

Obgleich meistens im Verfall, sind die Paläste der ehemaligen Machthaber von Genua, der Nobili, dennoch sehr schön, und mit Pracht überladen. Sie stehen meistens auf den zwei großen Straßen, genannt Strada nuova und

Balbi. Der Palast Durazzo ist der merkwürdigste. Hier sind gute Bilder und darunter Paul Veroneses Christus, dem Magdalena die gewaschenen Füße abtrocknet. Diese ist so schön, daß man fürchten sollte, sie werde gewiß noch einmal verführt werden. Ich stand lange vor ihr – ach, sie schaute nicht auf! Christus steht da wie ein Religionshamlet: *go to a nunnery*. Hier fand ich auch einige Holländer und vorzügliche Bilder von Rubens; letztere ganz durchdrungen von der kolossalen Heiterkeit dieses niederländischen Titanen, dessen Geistesflügel so stark waren, daß er bis zur Sonne emporflog, obgleich hundert Zentner holländischer Käse an seinen Beinen hingen. Ich kann dem kleinsten Bilde dieses großen Malers nicht vorübergehen, ohne den Zoll meiner Bewundrung zu entrichten. Um so mehr, da es jetzt Mode wird, ihn, ob seines Mangels an Idealität, nur mit Achselzucken zu betrachten. Die historische Schule zu München zeigt sich besonders groß in solcher Betrachtung. Man sehe nur, mit welcher vornehmen Geringschätzung der langhaarige Cornelianer durch den Rubenssaal wandelt!

Die Sammlung von Porträts schöner Genueserinnen, die im Palast Durazzo gezeigt wird, darf ich nimmermehr unerwähnt lassen. Nichts auf der Welt kann unsre Seele trauriger stimmen als solcher Anblick von Porträts schöner Frauen, die schon seit einigen Jahrhunderten tot sind. Melancholisch überkriecht uns der Gedanke: daß von den Originalen jener Bilder, von all jenen Schönen, die so lieblich, so kokett, so witzig, so schalkhaft und so schwärmerisch waren, von all jenen Maiköpfchen mit Aprillaunen, von jenem ganzen Frauenfrühling nichts übrig geblieben ist, als diese bunten Schatten, die ein Maler, der gleich ihnen längst vermodert ist, auf ein morsch Stückchen Leinwand gepinselt hat, das ebenfalls mit der Zeit in Staub zerfällt und verweht. So geht alles Leben, das Schöne eben so wie das Häßliche, spurlos vorüber, der Tod, der dürre Pedant, verschont die Rose eben so wenig wie die Distel, er vergißt auch nicht das einsame Hälmchen in der fernsten Wildnis, er zerstört gründlich und unaufhörlich, überall sehen wir, wie er Pflanzen und Tiere, die Menschen und ihre Werke, zu Staub zerstampft, und selbst jene ägyptischen Pyramiden, die seiner Zerstörungswut zu trotzen scheinen, sie sind nur Trophäen seiner Macht, Denkmäler der Vergänglichkeit, uralte Königsgräber.

Aber noch schlimmer als dieses Gefühl eines ewigen Sterbens, einer öden gähnenden Vernichtung, ergreift uns der Gedanke, daß wir nicht einmal als Originale dahinsterben, sondern als Kopien von längstverschollenen Menschen, die geistig und körperlich uns gleich waren, und daß nach uns wieder Menschen geboren werden, die wieder ganz aussehen und fühlen und denken werden wie wir, und die der Tod ebenfalls wieder vernichten wird – ein trostlos ewiges Wiederholungsspiel, wobei die zeugende Erde beständig hervorbringen und mehr hervorbringen muß, als der Tod zu zerstören vermag, so daß sie, in solcher Not, mehr für die Erhaltung der Gattungen als für die Originalität der Individuen sorgen kann.

»EIN WILDES PARADIES«
Liebe auf dem Apennin

Als ich zu Mathilden ins Zimmer trat, hatte sie den letzten Knopf des grünen Reitkleides zugeknöpft, und wollte eben einen Hut mit weißen Federn aufsetzen. Sie warf ihn rasch von sich, sobald sie mich erblickte, mit ihren wallend goldnen Locken stürzte sie mir entgegen – Doktor des Himmels und der Erde! rief sie, und nach alter Gewohnheit ergriff sie meine beiden Ohrlappen und küßte mich mit der drolligsten Herzlichkeit.

Wie gehts, Wahnsinnigster der Sterblichen! Wie glücklich bin ich, Sie wiederzusehen! Denn ich werde nirgends auf dieser weiten Welt einen verrückteren Menschen finden. Narren und Dummköpfe gibt es genug, und man erzeigt ihnen oft die Ehre, sie für verrückt zu halten; aber die wahre Verrücktheit ist so selten wie die wahre Weisheit, sie ist vielleicht gar nichts anderes als Weisheit, die sich geärgert hat, daß sie alles weiß, alle Schändlichkeiten dieser Welt, und die deshalb den weisen Entschluß gefaßt hat, verrückt zu werden. Die Orientalen sind ein gescheutes Volk, sie verehren einen Verrückten wie einen Propheten, wir aber halten jeden Propheten für verrückt.

Aber, Mylady, warum haben Sie mir nicht geschrieben?

Gewiß, Doktor, ich schrieb Ihnen einen langen Brief,

und bemerkte auf der Adresse: abzugeben in Neu-Bedlam. Da Sie aber, gegen alle Vermutung, nicht dort waren, so schickte man den Brief nach St. Luke, und da Sie auch hier nicht waren, so ging er weiter nach einer ähnlichen Anstalt, und so machte er die Ronde durch alle Tollhäuser Englands, Schottlands und Irlands, bis man ihn mir zurückschickte mit der Bemerkung, daß der Gentleman, den die Adresse bezeichne, noch nicht eingefangen sei. Und in der Tat, wie haben Sie es angefangen, daß Sie immer noch auf freien Füßen sind?

Habs pfiffig angefangen, Mylady. Überall, wohin ich kam, wußt ich mich um die Tollhäuser herumzuschleichen, und ich denke, es wird mir auch in Italien gelingen.

O, Freund, hier sind Sie ganz sicher; denn erstens ist gar kein Tollhaus in der Nähe, und zweitens haben wir hier die Oberhand.

Wir? Mylady! Sie zählen sich also zu den Unseren? Erlauben Sie, daß ich Ihnen den Bruderkuß auf die Stirne drücke.

Ach! ich meine, wir Badegäste, worunter ich wahrlich noch die Vernünftigste bin – und nun machen Sie sich leicht einen Begriff von der Verrücktesten, nämlich von Julie Maxfield, die beständig behauptet, grüne Augen bedeuten den Frühling der Seele; dann haben wir noch zwei junge Schönheiten –

Gewiß englische Schönheiten, Mylady –

Doktor, was bedeutet dieser spöttische Ton? Die gelbfettigen Makkaronigesichter in Italien müssen Ihnen so gut schmecken, daß Sie keinen Sinn mehr haben für britische –

Plumpuddings mit Rosinenaugen, Rostbeefbusen festoniert mit weißen Meerrettich-Streifen, stolze Pasteten –

Es gab eine Zeit, Doktor, wo Sie jedesmal in Verzückung gerieten, wenn Sie eine schöne Engländerin sahen –

Ja, das war damals! Ich bin noch immer nicht abgeneigt, Ihren Landsmänninnen zu huldigen; sie sind schön wie Sonnen, aber Sonnen von Eis, sie sind weiß wie Marmor, aber auch marmorkalt – auf ihren kalten Herzen erfrieren die armen Flöhe –

Genug, genug, Doktor. Es ist wenigstens gut, daß wir Zeitgenossen sind und in demselben Erdwinkel uns gefunden mit unseren närrischen Tränen. Ach des Unglücks! wenn Sie vielleicht zweihundert Jahre früher gelebt hätten, wie es mir mit meinem Freunde Michael de Cervantes Saavedra begegnet, oder gar wenn Sie hundert Jahre später auf die Welt gekommen wären als ich, wie ein anderer intimer Freund von mir, dessen Namen ich nicht einmal weiß, eben weil er ihn erst bei seiner Geburt, Anno 1900, erhalten wird! Aber, erzählen Sie doch, wie haben Sie gelebt, seit wir uns nicht gesehen?

Ich trieb mein gewöhnliches Geschäft, Mylady; ich rollte wieder den großen Stein. Wenn ich ihn bis zur Hälfte des Berges gebracht, dann rollte er plötzlich hinunter, und ich mußte wieder suchen ihn hinaufzurollen, und dieses Bergauf und Bergabrollen wird sich so lange wiederholen, bis ich selbst unter dem großen Steine liegen bleibe, und Meister Steinmetz mit großen Buchstaben darauf schreibt: Hier ruht in Gott –

Myladys Augen lachten wie Sonnenschein nach leisem Regenschauer, und ihre gute Laune brach wieder leuchtend hervor, als John hereintrat, und mit dem steifsten Lakaien-Pathos Seine Exzellenz den Marchese Christophoro di Gumpelino anmeldete.

Er sei willkommen! Und Sie, Doktor, werden einen Pair unseres Narrenreichs kennen lernen. Stoßen Sie sich nicht an sein Äußeres, besonders nicht an seine Nase. Der Mann besitzt vortreffliche Eigenschaften, z.B. viel Geld, gesunden Verstand, und die Sucht, alle Narrheiten der Zeit in sich aufzunehmen; dazu ist er in meine grünäugige Freundin Julie Maxfield verliebt und nennt sie seine Julia und sich ihren Romeo, und deklamiert und seufzt – und Lord Maxfield, der Schwager, dem die treue Julia von ihrem Manne anvertraut worden, ist ein Argus –

Schon wollte ich bemerken, daß Argus eine Kuh bewachte, als die Türe sich weit öffnete und, zu meinem höchsten Erstaunen, mein alter Freund, der Bankier Christian Gumpel, mit seinem wohlhabenden Lächeln und gottgefälligem Bauche, hereinwatschelte. Nachdem seine glänzenden breiten Lippen sich an Myladys Hand genugsam gescheuert und übliche Gesundheitsfragen hervorgebrockt hatten, erkannte er auch mich – und in die Arme sanken sich die Freunde.

Mathildens Warnung, daß ich mich an die Nase des Mannes nicht stoßen solle, war hinlänglich gegründet, und wenig fehlte, so hätte er mir wirklich ein Auge damit ausgestochen. Ich will nichts Schlimmes von dieser Nase sagen; im Gegenteil, sie war von der edelsten Form, und sie eben berechtigte meinen Freund, sich wenigstens einen Marchese-Titel beizulegen. Man konnte es ihm nämlich an der Nase ansehen, daß er von gutem Adel war, daß er von einer uralten Weltfamilie abstammte, womit sich sogar einst der liebe Gott, ohne Furcht vor Mesalliance, verschwägert hat. Seitdem ist diese Familie freilich etwas heruntergekommen, so daß sie seit Karl dem Großen meistens durch den Handel mit alten Hosen und Hamburger Lotteriezetteln, ihre Subsistenz erwerben mußte, ohne jedoch im mindesten von ihrem Ahnenstolze abzulassen oder jemals die Hoffnung aufzugeben, einst wieder ihre alten Güter oder wenigstens hinreichende Emigranten-Entschädigung zu erhalten, wenn ihr alter legitimer Souverän sein Restaurationsversprechen erfüllt, ein Versprechen, womit er sie schon zwei Jahrtausende an der Nase herumgeführt. Sind vielleicht ihre Nasen eben durch dieses lange an der Nase Herumgeführtwerden so lang geworden? Oder sind diese langen Nasen eine Art Uniform, woran der Gottkönig Jehova seine alten Leibgardisten erkennt, selbst wenn sie desertiert sind? Der Marchese Gumpelino war ein solcher Deserteur, aber er trug noch immer seine Uniform, und sie war sehr brillant, besäet mit Kreuzchen und Sternchen von Rubinen, einem roten Adlerorden in Miniatur und anderen Dekorationen.

Sehen Sie, sagte Mylady, das ist meine Lieblingsnase, und ich kenne keine schönere Blume auf dieser Erde.

Diese Blume, schmunzlächelte Gumpelino, kann ich Ihnen nicht an den schönen Busen legen, ohne daß ich mein blühendes Antlitz hinzulege, und diese Beilage würde Sie vielleicht in der heutigen Hitze etwas genieren. Aber ich bringe Ihnen eine nicht minder köstliche Blume, die hier selten ist –

Bei diesen Worten öffnete der Marchese die fließpapierne Tüte, die er mitgebracht, und mit langsamer Sorgfalt zog er daraus hervor eine wunderschöne Tulpe.

Kaum erblickte Mylady diese Blume, so schrie sie aus vollem Halse: Morden! morden! wollen Sie mich morden? Fort, fort mit dem schrecklichen Anblick! Dabei gebärdete sie sich, als wolle man sie umbringen, hielt sich die Hände vor die Augen, rannte unsinnig im Zimmer umher, verwünschte Gumpelinos Nase und Tulpe, klingelte, stampfte den Boden, schlug den Hund mit der Reitgerte, daß er laut aufbellte, und als John hereintrat, rief sie, wie Kean als König Richard:

Ein Pferd! ein Pferd!

Ein Königtum für ein Pferd!

und stürmte, wie ein Wirbelwind, von dannen. Eine kuriose Frau! sprach Gumpelino, vor Erstaunen bewegungslos und noch immer die Tulpe in der Hand haltend, so daß er einem jener Götzenbilder glich, die mit Lotosblumen in den Händen auf altindischen Denkmälern zu schauen sind.

Eine kuriose Frau! wiederholte Gumpelino, als wir uns auf den Weg machten, seine beiden Freundinnen, Signora Lätizia und Signora Franscheska, deren Bekanntschaft er mir verschaffen wollte, zu besuchen. Da die Wohnung dieser Damen auf einer etwas entfernten Anhöhe lag, so erkannte ich um so dankbarer die Güte meines wohlbeleibten Freundes, der das Bergsteigen etwas beschwerlich fand, und auf jedem Hügel atemschöpfend stehen blieb, und O Jesu! seufzte.

Die Wohnungen in den Bädern von Lucca nämlich sind entweder unten in einem Dorfe, das von hohen Bergen umschlossen ist, oder sie liegen auf einem dieser Berge selbst, unfern der Hauptquelle, wo eine pittoreske Häusergruppe in das reizende Tal hinabschaut. Einige liegen aber auch einzeln zerstreut an den Bergesabhängen, und man muß mühsam hinaufklimmen durch Weinreben, Myrtengesträuch, Geißblatt, Lorbeerbüsche, Oleander, Geranikum und andre vornehme Blumen und Pflanzen, ein wildes Paradies. Ich habe nie ein reizenderes Tal gesehen, besonders wenn man von der Terrasse des oberen Bades, wo die ernstgrünen Zypressen stehen, ins Dorf hinabschaut. Man sieht dort die Brücke, die über ein Flüßchen führt, welches Lima heißt und das Dorf in zwei Teile durchschneidend, an beiden Enden in mäßigen Wasserfällen, über Felsenstücke dahinstürzt und ein Geräusch hervorbringt, als wolle es die angenehmsten Dinge sagen und könne vor dem allseitig plaudernden Echo nicht zu Worten kommen.

Der Hauptzauber dieses Tals liegt aber gewiß in dem Umstand, daß es nicht zu groß ist und nicht zu klein, daß die Seele des Beschauers nicht gewaltsam erweitert wird, vielmehr sich ebenmäßig mit dem herrlichen Anblick füllt, daß die Häupter der Berge selbst, wie die Apenninen überall, nicht abenteuerlich gotisch erhaben mißgestaltet sind, gleich den Bergkarikaturen, die wir eben sowohl wie die Menschenkarikaturen in germanischen Ländern finden: sondern, daß ihre edelgeründeten, heiter grünen Formen fast eine Kunstzivilisation aussprechen, und gar melodisch mit dem blaßblauen Himmel zusammenklingen.

Sie haben keinen Begriff davon, Herr Doktor, wie viel Geld ich ausgeben muß, und dabei behelfe ich mich mit einem einzigen Bedienten, und nur wenn ich in Rom bin, halte ich mir einen Kapellan für meine Hauskapelle. Sehen Sie, da kommt mein Hyazinth.

Die kleine Gestalt, die in diesem Augenblick bei der Windung eines Hügels zum Vorschein kam, hätte vielmehr den Namen einer Feuerlilie verdient. Es war ein schlotternd weiter Scharlachrock, überladen mit Goldtressen, die im Sonnenglanze strahlten, und aus dieser roten Pracht schwitzte ein Köpfchen hervor, das mir sehr wohlbekannt zunickte. Und wirklich, als ich das bläßlich besorgliche Gesichtchen und die geschäftig zwinkernden Äuglein näher betrachtete, erkannte ich jemanden, den ich eher auf dem Berg Sinai als auf den Apenninen erwartet hätte, und das war kein anderer als Herr Hirsch, Schutzbürger in Hamburg, ein Mann, der nicht bloß immer ein sehr ehrlicher Lotteriekollekteur gewesen, sondern sich auch auf Hühneraugen und Juwelen versteht, dergestalt, daß er erstere von letzteren nicht bloß zu unterscheiden weiß, sondern auch die Hühneraugen ganz geschickt auszuschneiden und die Juwelen ganz genau zu taxieren weiß.

Ich bin guter Hoffnung – sprach er, als er mir näher kam –, daß Sie mich noch kennen, obgleich ich nicht mehr Hirsch heiße. Ich heiße jetzt Hyazinth und bin der Kammerdiener des Herrn Gumpel.

Hyazinth! rief dieser, in staunender Aufwallung über die Indiskretion des Dieners.

Sein Sie nur ruhig, Herr Gumpel, oder Herr Gumpelino, oder Herr Marchese, oder Eure Excellenza, wir brauchen uns gar nicht vor diesem Herrn zu genieren, der kennt mich, hat manches Los bei mir gespielt, und ich möcht sogar drauf schwören, er ist mir von der letzten Renovierung noch sieben Mark neun Schilling schuldig – Ich freue mich wirklich, Herr Doktor, Sie hier wieder zu sehen. Haben Sie hier ebenfalls Vergnügungs-Geschäfte? Was sollte man sonst hier tun, in dieser Hitze, und wo man noch dazu bergauf und bergab steigen muß. Ich bin hier des Abends so müde, als wäre ich zwanzig mal vom Altonaer Tore nach dem Steintor gelaufen, ohne was dabei verdient zu haben.

Hier, bei der Erinnerung an sein kleines Stiefvaterländchen, wurden des Mannes Äuglein flimmernd feucht, und seufzend sprach er: Was ist der Mensch! Man geht vergnügt vor dem Altonaer Tore, auf dem Hamburger Berg, spazieren, und besieht dort die Merkwürdigkeiten, die Löwen, die Gevögel, die Papagoyim, die Affen, die ausgezeichneten Menschen, und man läßt sich Karussell fahren oder elektrisieren, und man denkt, was würde ich erst für Vergnügen haben an einem Orte, der noch zweihundert Meilen von Hamburg weiter entfernt ist, in dem Lande wo die Zitronen und Orangen wachsen, in Italien! Was ist der Mensch! Ist er vor dem Altonaer Tore, so möchte er gern in Italien sein, und ist er in Italien, so möchte er wieder vor dem Altonaer Tore sein! Ach stände ich dort wieder und sähe wieder den Michaelisturm, und oben daran die Uhr mit den großen goldnen Zahlen auf dem Zifferblatt, die großen goldnen Zahlen, die ich so oft des Nachmittags betrachtete, wenn sie so freundlich in der Sonne glänzten – ich hätte sie oft küssen mögen. Ach, ich bin jetzt in Italien, wo die Zitronen und Orangen wachsen; wenn ich aber die Zitronen und Orangen wachsen sehe, so denk ich an den Steinweg zu Hamburg, wo sie, ganzer Karren voll, gemächlich aufgestapelt liegen, und wo man sie ruhig genießen kann, ohne daß man nötig hat, so viele Gefahr-Berge zu besteigen und so viel Hitzwärme auszustehen. So wahr mir Gott helfe, Herr Marchese, wenn ich es nicht der Ehre wegen getan hätte und wegen der Bildung, so wäre ich Ihnen nicht hierher gefolgt. Aber das muß man Ihnen nachsagen, man hat Ehre bei Ihnen und bildet sich.

Hyazinth! – sprach jetzt Gumpelino, der durch diese Schmeichelei etwas besänftigt worden, – Hyazinth, geh jetzt zu –

Ich weiß schon –

Du weißt nicht, sage ich dir, Hyazinth –

Ich sag Ihnen, Herr Gumpel, ich weiß. Ew. Excellenz schicken mich jetzt zu der Lady Maxfield – Mir braucht man gar nichts zu sagen. Ich weiß Ihre Gedanken, die Sie noch gar nicht gedacht, und vielleicht Ihr Lebtag gar nicht denken werden. Einen Bedienten wie mich bekommen Sie nicht so leicht – und ich tu es der Ehre wegen, und der Bildung wegen, und wirklich, man hat Ehre bei Ihnen und bildet sich – Bei diesem Worte putzte er sich die Nase mit einem sehr weißen Taschentuche.

Hyazinth, sprach der Marchese, du gehst jetzt zu der Lady Julie Maxfield, zu meiner Julia, und bringst ihr diese Tulpe – nimm sie in Acht, denn sie kostet fünf Paoli – und sagst ihr:

Die Tulpe ist unter den Blumen

Was unter den Käsen der Stracchino;

Doch mehr als Blumen und Käse

Verehrt dich Gumpelino!

So wahr mir Gott alles Guts gebe, das ist gut! – rief Hyazinth – Winken Sie mir nicht, Herr Marchese, was Sie wissen, das weiß ich, und was ich weiß, das wissen Sie. Und Sie, Herr Doktor, leben Sie wohl! Um die Kleinigkeit mahne ich Sie nicht. – Bei diesen Worten stieg er den Hügel wieder hinab, und murmelte beständig: Gumpelino Stracchino – Stracchino Gumpelino –

Es ist ein treuer Mensch – sagte der Marchese – sonst hätte ich ihn längst abgeschafft, wegen seines Mangels an

Etikette. Vor Ihnen hat das nichts zu bedeuten. Sie verstehen mich. Wie gefällt Ihnen seine Livree? Es sind noch für vierzig Taler mehr Tressen dran als an der Livree von Rothschilds Bedienten. Ich habe innerlich mein Vergnügen, wie sich der Mensch bei mir perfektioniert. Dann und wann gebe ich ihm selbst Unterricht in der Bildung. Ich sage ihm oft: Was ist Geld? Geld ist rund und rollt weg, aber Bildung bleibt. Ja, Herr Doktor, wenn ich, was Gott verhüte, mein Geld verliere, so bin ich doch noch immer ein großer Kunstkenner, ein Kenner von Malerei, Musik und Poesie. Sie sollen mir die Augen zubinden und mich in der Galerie zu Florenz herumführen, und bei jedem Gemälde, vor welches Sie mich hinstellen, will ich Ihnen den Maler nennen, der es gemalt hat, oder wenigstens die Schule, wozu dieser Maler gehört. Musik? Verstopfen Sie mir die Ohren, und ich höre doch jede falsche Note. Poesie? Ich kenne alle Schauspielerinnen Deutschlands, und die Dichter weiß ich auswendig. Und gar Natur! Ich bin zweihundert Meilen gereist, Tag und Nacht durch, um in Schottland einen einzigen Berg zu sehen. Italien aber geht über alles. Wie gefällt Ihnen hier diese Naturgegend? Welche Schöpfung! Sehen Sie mal die Bäume, die Berge, den Himmel, da unten das Wasser – ist nicht alles wie gemalt? Haben Sie es je im Theater schöner gesehen? Man wird so zu sagen ein Dichter! Verse kommen einem in den Sinn und man weiß nicht woher:

Schweigend, in der Abenddämmrung Schleier
Ruht die Flur, das Lied der Haine stirbt;

Nur daß hier, im alternden Gemäuer
Melancholisch noch ein Heimchen zirpt.

Diese erhabenen Worte deklamierte der Marchese mit überschwellender Rührung, indem er, wie verklärt, in das lachende, morgenhelle Tal hinabschaute.

Als ich einst an einem schönen Frühlingstage unter den Berliner Linden spazieren ging, wandelten vor mir zwei Frauenzimmer, die lange schwiegen, bis endlich die Eine schmachtend aufseufzte: ach, die jrine Beeme! Worauf die andre, ein junges Ding, mit naiver Verwunderung fragte: Mutter, was gehn Ihnen die jrine Beeme an?

Ich kann nicht umhin zu bemerken, daß beide Personen zwar nicht in Seide gekleidet gingen, jedoch keineswegs zum Pöbel gehörten, wie es denn überhaupt in Berlin keinen Pöbel gibt, außer etwa in den höchsten Ständen. Was aber jene naive Frage selbst betrifft, so kommt sie mir nie aus dem Gedächtnisse. Überall, wo ich unwahre Naturempfindung und dergleichen grüne Lügen ertappe, lacht sie mir ergötzlich durch den Sinn. Auch bei der Deklamation des Marchese wurde sie in mir laut, und den Spott auf meinen Lippen erratend, rief er verdrießlich: Stören Sie mich nicht – Sie haben keinen Sinn für reine Natürlichkeit – Sie sind ein zerrissener Mensch, ein zerrissenes Gemüt, so zu sagen, ein Byron.

Lieber Leser, gehörst du vielleicht zu jenen frommen Vögeln, die da einstimmen in das Lied von byronischer Zerrissenheit, das mir schon seit zehn Jahren, in allen Weisen, vorgepfiffen und vorgezwitschert worden, und sogar im Schädel des Marchese, wie du oben gehört hast, sein Echo gefunden? Ach, teurer Leser, wenn du über jene Zerrissenheit klagen willst, so beklage lieber, daß die Welt selbst mitten entzwei gerissen ist. Denn da das Herz des Dichters der Mittelpunkt der Welt ist, so mußte es wohl in jetziger Zeit jämmerlich zerrissen werden. Wer von seinem Herzen rühmt, es sei ganz geblieben, der gesteht nur, daß er ein prosaisches weitabgelegenes Winkelherz hat. Durch das meinige ging aber der große Weltriß, und eben deswegen weiß ich, daß die großen Götter mich vor vielen Anderen hochbegnadigt und des Dichtermärtyrtums würdig geachtet haben.

Einst war die Welt ganz, im Altertum und im Mittelalter, trotz der äußeren Kämpfe gabs doch noch immer eine Welteinheit, und es gab ganze Dichter. Wir wollen diese Dichter ehren und uns an ihnen erfreuen; aber jede Nachahmung ihrer Ganzheit ist eine Lüge, eine Lüge, die jedes gesunde Auge durchschaut und die dem Hohne dann nicht entgeht. Jüngst, mit vieler Mühe, verschaffte ich mir in Berlin die Gedichte eines jener Ganzheitdichter, der über meine byronische Zerrissenheit so sehr geklagt, und bei den erlogenen Grünlichkeiten, den zarten Naturgefühlen, die mir da, wie frisches Heu, entgegendufteten, wäre mein armes Herz, das schon hinlänglich zerrissen ist, fast auch vor Lachen geborsten, und unwillkürlich rief ich: Mein lieber Herr Intendanturrat Wilhelm Neumann, was gehn Ihnen die jrine Beeme an?

Genug davon; wir kommen zu einem besseren Gegenstande, nämlich zu Signora Lätizias und Franscheskas Wohnung, einem kleinen weißen Gebäude, das gleichsam noch im Negligé zu sein scheint, und vorn zwei große runde Fenster hat, vor welchen die hochaufgezogenen Weinstöcke ihre langen Ranken herabhängen lassen, daß es aussieht, als fielen grüne Haare, in lockiger Fülle, über die Augen des Hauses. An der Türe schon klingt es uns bunt entgegen, wirbelnde Triller, Gitarrentöne und Gelächter.

Signora Lätizia, eine fünfzigjährige junge Rose, lag im Bette und trillerte und schwatzte mit ihren beiden Galans, wovon der eine auf einem niedrigen Schemel vor ihr saß und der andre, in einem großen Sessel lehnend, die Gitarre spielte. Im Nebenzimmer flatterten dann und wann ebenfalls die Fetzen eines süßen Liedes oder eines noch wundersüßeren Lachens. Mit einer gewissen wohlfeilen Ironie, die den Marchese zuweilen anwandelte, präsentierte er mich der Signora und den beiden Herren, und bemerkte dabei: ich sei derselbe Johann Heinrich Heine, Doktor Juris, der jetzt in der deutschen juristischen Literatur berühmt sei. Zum Unglück war der eine Herr ein Professor aus Bologna, und zwar ein Jurist, obgleich sein wohlgewölbter, runder Bauch ihn eher zu einer Anstellung bei der sphärischen Trigonometrie zu qualifizieren schien. Einigermaßen in Verlegenheit gesetzt, bemerkte ich, daß ich nicht unter meinem eigenen Namen schriebe, sondern unter dem Namen Jarcke; und das sagte ich aus Bescheidenheit, indem mir zufällig einer der wehmütigsten Insektennamen unserer juristischen Literatur ins Gedächtnis kam. Der Bologneser beklagte zwar, diesen berühmten Namen noch nicht gehört zu haben – welches auch bei dir, lieber Leser, der Fall sein wird –, doch zweifelte er nicht, daß er bald seinen Glanz über die ganze Erde verbreiten werde.

[Der] zweite Galan, wie mir Gumpelino auf Deutsch zuflüsterte, war ein sehr berühmter Dichter, dessen Lieder, obgleich er sie schon vor zwanzig Jahren gedichtet, noch jetzt in ganz Italien klingen und mit der süßen Liebesglut, die in ihnen flammt, Alt und Jung berauschen; derweilen er selbst jetzt nur ein armer, veralteter Mensch ist, mit blassen Augen im welken Gesichte, dünnen weißen Härchen auf dem schwankenden Kopfe, und kalter Armut im kümmerlichen Herzen. So ein armer, alter Dichter mit seiner kahlen Hölzernheit gleicht den Weinstöcken, die wir im Winter auf den kalten Bergen stehen sehen, dürr und laublos, im Winde zitternd und von Schnee bedeckt, während der süße Most, der ihnen einst entquoll, in den fernsten Landen gar manches Zecherherz erwärmt und zu ihrem Lobe berauscht. Wer weiß, wenn einst die Kelter der Gedanken, die Druckerpresse, auch mich ausgepreßt hat, und nur noch im Verlagskeller von Hoffmann und Campe der alte, abgezapfte Geist zu finden ist, sitze ich selbst vielleicht eben so dünn und kümmerlich, wie der arme Bartolo, auf dem Schemel neben dem Bette einer alten Inamorata und reiche ihr auf Verlangen den Napf des Spuckes.

Signora Lätizia entschuldigte sich bei mir, daß sie zu Bette liege und zwar bäuchlings, indem ein Geschwür an der Legitimität, das sie sich durch vieles Feigen-Essen zugezogen, sie jetzt hindere, wie es einer ordentlichen Frau zieme, auf dem Rücken zu liegen. Sie lag wirklich ungefähr wie eine Sphinx; ihr hochfrisiertes Haupt stemmte sie auf ihre beiden Arme, und zwischen diesen wogte ihr Busen wie ein rotes Meer.

Sie sind ein Deutscher? frug sie mich.

Ich bin zu ehrlich, es zu leugnen, Signora! entgegnete meine Wenigkeit.

Ach, ehrlich genug sind die Deutschen! – seufzte sie – aber was hilft es, daß die Leute ehrlich sind, die uns berauben! sie richten Italien zu Grunde. Meine besten Freunde sitzen eingekerkert in Milano; nur Sklaverei –

Nein, nein, rief der Marchese, beklagen Sie sich nicht über die Deutschen, wir sind überwundene Überwinder, besiegte Sieger, sobald wir nach Italien kommen; und Sie sehen, Signora, Sie sehen und Ihnen zu Füßen fallen, ist dasselbe – Und indem er sein gelbseidenes Taschentuch ausbreitete und darauf niederkniete, setzte er hinzu: Hier knie ich und huldige Ihnen im Namen von ganz Deutschland.

[...] der Professor stürmte in die Saiten der Gitarre und sang dabei so glühende Worte, daß ihm die Schweißtropfen von der Stirne und die Tränen aus den Augen liefen, und sich auf seinem roten Gesichte zu einem einzigen Strome vereinigten. Während dieses Singens und Klingens ward plötzlich die Türe des Nebenzimmers aufgerissen und herein sprang ein Wesen –

Euch, Ihr Musen der alten und der neuen Welt, Euch sogar, Ihr noch unentdeckten Musen, die erst ein späteres Geschlecht verehren wird, und die ich schon längst geahnet habe, im Walde und auf dem Meere, Euch beschwör ich, gebt mir Farben, womit ich das Wesen male, das nächst der Tugend das Herrlichste ist auf dieser Welt. Die Tugend, das versteht sich von selbst, ist die erste von allen Herrlichkeiten, der Weltschöpfer schmückte sie mit so vielen Reizen, daß es schien, als ob er nichts eben so Herrliches mehr hervorbringen könne; da aber nahm er noch einmal alle seine Kräfte zusammen, und in einer guten Stunde schuf er Signora Franscheska, die schöne Tänzerin [...].

Ach, ich sehe sie wieder, wie sie, aus der aufgestoßenen Türe bis zur Mitte des Zimmers hervorspringt, in demselben Momente sich unzählige Mal auf einem Fuße herumdreht, sich dann der Länge nach auf das Sofa hinwirft, sich die Augen mit beiden Händen verdeckt hält, und atemlos ausruft: ach, ich bin so müde vom Schlafen! Nun naht sich der Marchese und hält eine lange Rede, in seiner ironisch breit ehrerbietigen Manier, die mit seinem kurzabbrechenden Wesen, bei praktischen Geschäftserinnerungen, und mit seiner faden Zerflossenheit, bei sentimentaler Anregung, gar rätselhaft kontrastierte. Dennoch war diese Manier nicht unnatürlich, sie hatte sich vielleicht dadurch natürlich in ihm ausgebildet, daß es ihm an Kühnheit fehlte, jene Obmacht, wozu er sich durch Geld und Geist berechtigt glaubte, unumwunden kund zu geben, weshalb er sie feigerweise in die Worte der übertriebensten Demut zu verkappen suchte. Sein breites Lächeln bei solchen Gelegenheiten hatte etwas unangenehm Ergötzliches, und man wußte nicht, ob man ihm Prügel oder Beifall zollen sollte. In solcher Weise hielt er seine Morgenrede vor Signora Franscheska, die, noch halb schläfrig, ihn kaum anhörte, und als er zum Schluß um die Erlaubnis bat, ihr die Füße, wenigstens den linken Fuß, küssen zu dürfen, und zu diesem Geschäfte, mit großer Sorgfalt, sein gelbseidenes Taschentuch über den Fußboden ausbreitete und darauf niederkniete: streckte sie ihm gleichgültig den linken Fuß entgegen, der in einem allerliebsten roten Schuh steckte, im Gegensatz zu dem rechten Fuße, der einen blauen Schuh trug, eine drollige Koketterie, wodurch die zarte niedliche Form der Füße noch bemerklicher werden sollte. Als der Marchese den kleinen Fuß ehrfurchtsvoll geküßt, erhob er sich mit einem ächzenden O Jesu! und bat um die Erlaubnis, mich, seinen Freund, vorstellen zu dürfen, welches ihm ebenfalls gähnend gewährt wurde, und wobei er es nicht an Lobsprüchen auf meine Vortrefflichkeit fehlen ließ und auf Kavalier-Parole beteuerte, daß ich die unglückliche Liebe ganz vortrefflich besungen habe.

Ich bat die Dame ebenfalls um die Vergünstigung, ihr den linken Fuß küssen zu dürfen, und in dem Momente, wo ich dieser Ehre teilhaftig wurde, erwachte sie wie aus einem dämmernden Traume, beugte sich lächelnd zu mir herab, betrachtete mich mit großen verwunderten Augen, sprang freudig empor bis in die Mitte des Zimmers und drehte sich wieder unzählige Mal auf einem Fuße herum. Ich fühlte wunderbar, wie mein Herz sich beständig mitdrehte, bis es fast schwindelig wurde.

Noch einmal betrachtete mich Signora Franscheska scharf und musternd, vom Kopf bis zum Fuße, und mit zufriedener Miene dankte sie dann dem Marchese, als sei ich ein Geschenk, das er ihr aus Artigkeit mitgebracht. Sie fand wenig daran auszusetzen: nur waren ihr meine Haare zu hellbraun, sie hätte sie dunkler gewünscht, [...] auch meine Augen fand sie zu klein und mehr grün als blau. Zur Vergeltung, lieber Leser, sollte ich jetzt Signora Franscheska eben so mäkelnd schildern; aber ich habe wahrhaftig an dieser lieblichen, fast leichtsinnig geformten Graziengestalt nichts auszusetzen. Auch das Gesicht war ganz göttermäßig, wie man es bei griechischen Statuen findet, Stirne und Nase gaben nur eine einzige senkrecht gerade Linie, einen süßen rechten Winkel bildete damit die untere Nasenlinie, die wundersam kurz war, eben so schmal war die Entfernung von der Nase zum Munde, dessen Lippen an beiden Enden kaum ausreichten und von einem träumerischen Lächeln ergänzt wurden; darunter wölbte sich ein liebes volles Kinn, und der Hals – Ach! frommer Leser, ich komme zu weit, und außerdem habe ich bei dieser Inauguralschilderung noch kein Recht, von den zwei schweigenden Blumen zu sprechen, die wie weiße

Poesie hervorleuchteten, wenn Signora die silbernen Hals-
knöpfe ihres schwarzseidnen Kleides enthäkelte – Lieber
Leser! laß uns wieder emporsteigen zu der Schilderung
des Gesichtes, wovon ich nachträglich noch zu berichten
habe, daß es klar und blaßgelb wie Bernstein war, daß
es von den schwarzen Haaren, die in glänzend glatten
Ovalen die Schläfe bedeckten, eine kindliche Ründung
empfing, und von zwei schwarzen plötzlichen Augen, wie
von Zauberlicht, beleuchtet wurde.

Du siehst, lieber Leser, daß ich dir gern eine gründliche
Lokalbeschreibung meines Glückes liefern möchte, und,
wie andere Reisende ihren Werken noch besondere Kar-
ten von historisch wichtigen oder sonst merkwürdigen
Bezirken beifügen, so möchte ich Franscheska in Kupfer
stechen lassen. Aber ach! was hilft die tote Kopie der
äußern Umrisse bei Formen, deren göttlichster Reiz in
der lebendigen Bewegung besteht. Selbst der beste Maler
kann uns diesen nicht zur Anschauung bringen; denn die
Malerei ist doch nur eine platte Lüge. Eher vermöchte es
der Bildhauer; durch wechselnde Beleuchtung können wir
bei Statuen uns einigermaßen eine Bewegung der Formen
denken, und die Fackel, die ihnen nur äußeres Licht zu-
wirft, scheint sie auch von innen zu beleben. Ja, es gibt
eine Statue, die dir, lieber Leser, einen marmornen Begriff
von Franscheskas Herrlichkeit zu geben vermöchte, und
das ist die Venus des großen Canova, die du in einem der
letzten Säle des Palazzo Pitti zu Florenz finden kannst.
Ich denke jetzt oft an diese Statue, zuweilen träumt mir,

sie läge in meinen Armen, und belebe sich allmählig und flüstere endlich mit der Stimme Franscheskas.

Beim Abschied bat ich sie wieder um die Vergünstigung, ihren linken Fuß küssen zu dürfen; worauf sie, mit lächelndem Ernst, den roten Schuh auszog, so wie auch den Strumpf; und indem ich niederkniete, reichte sie mir den weißen, blühenden Lilienfuß, den ich vielleicht gläubiger an die Lippen preßte, als ich es mit dem Fuß des Papstes getan haben möchte. Wie sich von selbst versteht, machte ich auch die Kammerjungfer, und half den Strumpf und den Schuh wieder anziehen.

Ich bin mit Ihnen zufrieden, – sagte Signora Franscheska, nach verrichtetem Geschäfte, wobei ich mich nicht zu sehr übereilte, obgleich ich alle zehn Finger in Tätigkeit setzte, – ich bin mit Ihnen zufrieden, Sie sollen mir noch öfter die Strümpfe anziehen. Heute haben Sie den linken Fuß geküßt, morgen soll Ihnen der rechte zu Gebot stehen. Übermorgen dürfen Sie mir schon die linke Hand küssen, und einen Tag nachher auch die rechte. Führen Sie sich gut auf, so reiche ich Ihnen späterhin den Mund, u.s.w. Sie sehen, ich will Sie gern avancieren lassen, und da Sie jung sind, können Sie es in der Welt noch weit bringen.

Und ich habe es weit gebracht in dieser Welt! Des seid mir Zeugen, toskanische Nächte, du hellblauer Himmel mit großen silbernen Sternen, Ihr wilden Lorbeerbüsche und heimlichen Myrten, und Ihr, o Nymphen des Apennins, die Ihr mit bräutlichen Tänzen uns umschwebtet, und Euch zurückträumtet in jene besseren Götterzeiten, wo es noch keine gotische Lüge gab, die nur blinde, tappende Genüsse im Verborgenen erlaubt und jedem freien Gefühl ihr heuchlerisches Feigenblättchen vorklebt.

Was Prügel sind, das weiß man schon; was aber die Liebe ist, das hat noch keiner herausgebracht. Einige Naturphilosophen haben behauptet, es sei eine Art Elektrizität. Das ist möglich; denn im Momente des Verliebens ist uns zu Mute, als habe ein elektrischer Strahl aus dem Auge der Geliebten plötzlich in unser Herz eingeschlagen. Ach! diese Blitze sind die verderblichsten, und wer gegen diese einen Ableiter erfindet, den will ich höher achten als Franklin. Gäbe es doch kleine Blitzableiter, die man auf dem Herzen tragen könnte, und woran eine Wetterstange wäre, die das schreckliche Feuer anderswo hin zu leiten vermöchte. Ich fürchte aber, dem kleinen Amor kann man seine Pfeile nicht so leicht rauben wie dem Jupiter seinen Blitz und den Tyrannen ihr Zepter. Außerdem wirkt nicht jede Liebe blitzartig; manchmal lauert sie, wie eine Schlange unter Rosen, und erspäht die erste Herzenslücke, um hineinzuschlüpfen; manchmal ist es nur ein Wort, ein Blick, die Erzählung einer unscheinbaren Handlung, was wie ein lichtes Samenkorn in unser Herz fällt, eine ganze Winterzeit ruhig darin liegt, bis der Frühling kommt, und das kleine Samenkorn aufschießt zu einer flammenden Blume, deren Duft den Kopf betäubt. Dieselbe Sonne, die im Niltal Ägyptens Krokodileier ausbrütet, kann zugleich zu Potsdam an der Havel die Liebessaat in einem jungen Herzen zur Vollreife bringen – dann gibt es Tränen in

Ägypten und Potsdam. Aber Tränen sind noch lange keine Erklärungen – Was ist die Liebe? Hat keiner ihr Wesen ergründet? hat keiner das Rätsel gelöst? Vielleicht bringt solche Lösung größere Qual als das Rätsel selbst, und das Herz erschrickt und erstarrt darob, wie beim Anblick der Medusa.

Wenn ich dir aber, lieber Leser, nicht zu sagen vermag, was die Liebe eigentlich ist, so könnte ich dir doch ganz ausführlich erzählen, wie man sich gebärdet und wie einem zu Mut ist, wenn man sich auf den Apenninen verliebt hat. Man gebärdet sich nämlich wie ein Narr, man tanzt über Hügel und Felsen und glaubt, die ganze Welt tanze mit. Zu Mute ist einem dabei, als sei die Welt erst heute erschaffen worden, und man sei der erste Mensch. Ach, wie schön ist das alles! jauchzte ich, als ich Franscheskas Wohnung verlassen hatte. Wie schön und kostbar ist diese neue Welt! Es war mir, als müßte ich allen Pflanzen und Tieren einen Namen geben, und ich benannte alles nach seiner innern Natur und nach meinem eignen Gefühl, das mit den Außendingen so wunderbar verschmolz. Meine Brust war eine Quelle von Offenbarung, und ich verstand alle Formen und Gestaltungen, den Duft der Pflanzen, den Gesang der Vögel, das Pfeifen des Windes und das Rauschen der Wasserfälle.

Späterhin, als die Dämmerungszeit herankam, begann erst recht die verrückte Seligkeit der Liebe. [...] Ja, rief ich, der lachende Himmel küßt die geliebte Erde – O Franscheska, schöner Himmel, laß mich deine Erde sein! Ich bin so ganz irdisch, und sehne mich nach dir, mein Himmel! So rief ich und streckte die Arme flehend empor, und rannte mit dem Kopfe gegen manchen Baum, den ich dann umarmte statt zu schelten, und meine Seele jauchzte vor Liebestrunkenheit, – als plötzlich ich eine glänzende Scharlachgestalt erblickte, die mich aus allen meinen Träumen gewaltsam herausriß, und der kühlsten Wirklichkeit zurückgab.

Auf einem Rasenvorsprung, unter einem breiten Lorbeerbaume, saß Hyazinthos, der Diener des Marchese, und neben ihm Apollo, dessen Hund. Letzterer stand vielmehr, indem er die Vorderpfoten auf die Scharlachknie des kleinen Mannes gelegt hatte, und neugierig zusah, wie dieser, eine Schreibtafel in den Händen haltend, dann und wann etwas hineinschrieb, wehmütig vor sich hinlächelte, das Köpfchen schüttelte, tief seufzte und sich dann vergnügt die Nase putzte.

Was Henker, rief ich ihm entgegen, Hirsch Hyazinthos! machst du Gedichte? Nun, die Zeichen sind günstig, Apollo steht dir zur Seite und der Lorbeer hängt schon über deinem Haupte!

Aber ich tat dem armen Schelme Unrecht. Liebreich antwortete er: Gedichte? Nein, ich bin ein Freund von Gedichten, aber ich schreibe doch keine. Was sollte ich schreiben? Ich hatte eben nichts zu tun, und zu meinem Vergnügen machte ich mir eine Liste von den Namen derjenigen Freunde, die einst in meiner Kollekte gespielt haben. Einige davon sind mir sogar noch etwas schuldig – Glauben Sie nur nicht, Herr Doktor, ich wollte Sie mahnen – das hat Zeit, Sie sind mir gut. Hätten Sie nur zuletzt 1365 statt 1364 gespielt, so wären Sie jetzt ein Mann von hundert tausend Mark Banko, und brauchten nicht hier herumzulaufen, und könnten ruhig in Hamburg sitzen, ruhig und vergnügt, und könnten sich auf dem Sofa erzählen lassen, wie es in Italien aussieht. So wahr mir Gott helfe! ich wäre nicht hergereist, hätte ich es nicht Herrn Gumpel zu Liebe getan. Ach, wie viel Hitz und Gefahr und Müdigkeit muß ich ausstehen, und wo nur eine Überspannung ist oder eine Schwärmerei, ist auch Herr Gumpel dabei, und ich muß alles mitmachen. Ich wäre schon längst von ihm gegangen, wenn er mich missen könnte. Denn wer soll nachher zu Hause erzählen, wie viel Ehre und Bildung er in der Fremde genossen? Und soll ich die Wahrheit sagen, ich selbst fang an, viel auf Bildung zu geben. In Hamburg hab ich sie gottlob nicht nötig; aber man kann nicht wissen, man kommt einmal nach einem anderen Ort. Es ist eine ganz andere Welt jetzt. Und man hat Recht; so ein bisschen Bildung ziert den ganzen Menschen. Und welche Ehre hat man davon! Lady Maxfield zum Beispiel, wie hat sie mich diesen Morgen aufgenommen und honoriert! Ganz parallel wie ihres Gleichen. Und sie gab mir einen Franceskoni Trinkgeld, obschon die Blume nur fünf Paoli gekostet hatte. Außerdem ist es auch ein Vergnügen, wenn man den kleinen, weißen Fuß von schönen Damenpersonen in Händen hat.

Ich war nicht wenig betreten über diese letzte Bemerkung und dachte gleich: Ist das Stichelei? Wie konnte aber der Lump schon Kenntnis haben von dem Glücke, das mir erst denselben Tag begegnet, zu derselben Zeit, als er auf der entgegengesetzten Seite des Bergs war? Gabs dort etwa eine ähnliche Szene und offenbarte sich darin die Ironie des großen Weltbühnendichters da droben, daß er vielleicht noch tausend solcher Szenen, die gleichzeitig eine die andere parodieren, zum Vergnügen der himmlischen Heerscharen aufführen ließ? Indessen beide Vermutungen waren ungegründet, denn nach langen wiederholten Fragen und nachdem ich das Versprechen geleistet, dem Marchese nichts zu verraten, gestand mir der arme Mensch: Lady Maxfield habe noch zu Bette gelegen, als er ihr die Tulpe überreicht, in dem Augenblick, wo er seine schöne Anrede halten wollen, sei einer ihrer Füße nackt zum Vorschein gekommen, und da er Hühneraugen daran bemerkt, habe er gleich um die Erlaubnis gebeten, sie ausschneiden zu dürfen, welches auch gestattet und nachher, zugleich für die Überreichung der Tulpe, mit einem Franceskoni belohnt worden sei.

Es war schon spät, als ich die Wohnung des Marchese erreichte. Als ich ins Zimmer trat, stand Hyazinth allein und putzte die goldenen Sporen seines Herrn, welcher, wie ich durch die halbgeöffnete Türe seines Schlafkabinetts sehen konnte, vor einer Madonna und einem großen Kruzifixe, auf den Knien lag.

Du mußt nämlich wissen, lieber Leser, daß der Marchese, dieser vornehme Mann, jetzt ein guter Katholik ist, daß er die Zeremonien der alleinseligmachenden Kirche streng ausübt, und sich, wenn er in Rom ist, sogar einen eignen Kapellan hält, aus demselben Grunde, weshalb er in England die besten Wettrenner und in Paris die schönste Tänzerin unterhielt.

Herr Gumpel verrichtet jetzt sein Gebet – flüsterte Hyazinth mit einem wichtigen Lächeln, und indem er nach dem Kabinette seines Herrn deutete, fügte er noch leiser hinzu: so liegt er alle Abend zwei Stunden auf den Knien vor der Prima Donna mit dem Jesuskind. Es ist ein prächtiges Kunstbild, und es kostet ihm sechshundert Franceskonis.

Und Sie, Herr Hyazinth, warum knien Sie nicht hinter ihm? Oder sind Sie etwa kein Freund von der katholischen Religion?

Ich bin ein Freund davon, und bin auch wieder kein Freund davon, antwortete jener mit bedenklichem Kopfwiegen. Es ist eine gute Religion für einen vornehmen Baron, der den ganzen Tag müßig gehen kann, und für einen Kunstkenner; aber es ist keine Religion für einen Hamburger, für einen Mann, der sein Geschäft hat, und durchaus keine Religion für einen Lotteriekollekteur. Ich muß jede Nummer, die gezogen wird, ganz exakt aufschreiben, und denke ich dann zufällig an Bum! Bum! Bum! an eine katholische Glock, oder schwebelt es mir vor den Augen, wie katholischer Weihrauch, und ich verschreib mich, und ich schreibe eine unrechte Zahl, so kann das größte Unglück daraus entstehen. Ich habe oft zu Herren Gumpel gesagt: Ew. Ex. sind ein reicher Mann und können katholisch sein so viel Sie wollen, und können sich den Verstand ganz katholisch einräuchern lassen, und können so dumm werden, wie eine katholische Glock, und Sie haben doch zu essen; ich aber bin ein Geschäftsmann, und muß meine sieben Sinne zusammen halten, um was zu verdienen. […] Dabei muß ich Ihnen auch gestehen, Herr Doktor, daß mir die katholische Religion nicht einmal Vergnügen macht, und als ein vernünftiger Mann müssen Sie mir Recht geben. Ich sehe das Plaisir nicht ein, es ist eine Religion als wenn der liebe Gott, gottbewahre, eben gestorben wäre, und es riecht dabei nach Weihrauch, wie bei einem Leichenbegängnis, und dabei brummt eine so traurige Begräbnismusik, daß man die Melancholik bekömmt – ich sage Ihnen, es ist keine Religion für einen Hamburger.

Aber, Herr Hyazinth, wie gefällt Ihnen denn die protestantische Religion?

Die ist mir wieder zu vernünftig, Herr Doktor, und gäbe es in der protestantischen Kirche keine Orgel, so wäre sie gar keine Religion. Unter uns gesagt, diese Religion schadet nichts und ist so rein wie ein Glas Wasser, aber, sie hilft auch nichts. Ich habe sie probiert und diese Probe kostet mich vier Mark vierzehn Schilling –

Wieso, mein lieber Herr Hyazinth?

Sehen, Herr Doktor, ich habe gedacht: das ist freilich eine sehr aufgeklärte Religion, und es fehlt ihr an Schwärmerei und Wunder; indessen, ein bißchen Schwärmerei muß sie doch haben, ein ganz klein Wunderchen muß sie doch tun können, wenn sie sich für eine honette Religion ausgeben will. Aber wer soll da Wunder tun, dacht ich, als ich mal in Hamburg eine protestantische Kirche besah, die zu der ganz kahlen Sorte gehörte, wo nichts als braune Bänke und weiße Wände sind, und an der Wand nichts als ein schwarz Täfelchen hängt, worauf ein halb Dutzend weiße Zahlen stehen. Du tust dieser Religion vielleicht Unrecht, dacht ich wieder, vielleicht können diese Zahlen eben so gut ein Wunder tun wie ein Bild von der Mutter Gottes oder wie ein Knochen von ihrem Mann, dem heiligen Joseph, und um der Sache auf den Grund zu kommen, ging ich gleich nach Altona, und besetzte eben diese Zahlen in der Altonaer Lotterie, die Ambe besetzte ich mit acht Schilling, die Terne mit sechs, die Quaterne mit vier, und die Quinterne mit zwei Schilling – Aber, ich versichere Sie auf meine Ehre, keine einzige von den protestantischen Nummern ist herausgekommen. Jetzt wußte ich was ich zu denken hatte, jetzt dacht ich, bleibt mir weg mit einer Religion die gar nichts kann, bei der nicht einmal eine Ambe herauskommt – werde ich so ein Narr sein, auf diese Religion, worauf ich schon vier Mark und vierzehn Schilling gesetzt und verloren habe, noch meine ganze Glückseligkeit zu setzen?

Die altjüdische Religion scheint Ihnen gewiß viel zweckmäßiger, mein Lieber?

Herr Doktor, bleiben Sie mir weg mit der altjüdischen Religion; die wünsche ich nicht meinem ärgsten Feind.

Man hat nichts als Schimpf und Schande davon. Ich sage Ihnen, es ist gar keine Religion, sondern ein Unglück.

Vor der Hand aber kann ich mich mit dem neuen israelitischen Tempel noch behelfen; ich meine den reinen Mosaik-Gottesdienst, mit orthographischen deutschen Gesängen und gerührten Predigten, und einigen Schwärmereien, die eine Religion durchaus nötig hat. So wahr mir Gott alles Guts gebe, für mich verlange ich jetzt keine bessere Religion, und sie verdient, daß man sie unterstützt. Ich will das meinige tun, und bin ich wieder in Hamburg, so will ich alle Sonnabend, wenn kein Ziehungstag ist, in den neuen Religion-Tempel gehen. Es gibt leider Menschen, die diesem neuen israelitischen Gottesdienst einen schlechten Namen machen, und behaupten, er gäbe, mit Respekt zu sagen, Gelegenheit zu einem Schisma – aber ich kann Ihnen versichern, es ist eine gute, reinliche Religion, noch etwas zu gut für den gemeinen Mann, für den die altjüdische Religion vielleicht noch immer sehr nützlich ist. Der gemeine Mann muß eine Dummheit haben, worin er sich glücklich fühlt, und er fühlt sich glücklich in seiner Dummheit. So ein alter Jude mit einem langen Bart und zerrissenem Rock, und der kein orthographisch Wort sprechen kann und sogar ein bißchen grindig ist, fühlt sich vielleicht innerlich glücklicher als ich mich mit all meiner Bildung. Da wohnt in Hamburg, im Bäckerbreitengang, auf einem Saal, ein Mann, der heißt Moses Lump, man nennt ihn auch Moses Lümpchen, oder kurzweg Lümpchen; der läuft die ganze Woche herum, in Wind und

Wetter, mit seinem Packen auf dem Rücken, um seine paar Mark zu verdienen; wenn der nun Freitags Abends nach Hause kömmt, findet er die Lampe mit sieben Lichtern angezündet, den Tisch weiß gedeckt, und er legt seinen Packen und seine Sorgen von sich, und setzt sich zu Tisch mit seiner schiefen Frau und noch schieferen Tochter, ißt mit ihnen Fische, die gekocht sind in angenehm weißer Knoblauchsauce, singt dabei die prächtigsten Lieder vom König David, freut sich von ganzem Herzen über den Auszug der Kinder Israel aus Ägypten, freut sich auch, daß alle Bösewichter, die ihnen Böses getan, am Ende gestorben sind, daß König Pharao, Nebukadnezar, Haman, Antiochus, Titus und all solche Leute tot sind, daß Lümpchen aber noch lebt und mit Frau und Kind Fisch ißt – Und ich sage Ihnen, Herr Doktor, die Fische sind delikat und der Mann ist glücklich, er braucht sich mit keiner Bildung abzuquälen, er sitzt vergnügt in seiner Religion und seinem grünen Schlafrock, wie Diogenes in seiner Tonne, er betrachtet vergnügt seine Lichter, die er nicht einmal selbst putzt – Und ich sage Ihnen, wenn die Lichter etwas matt brennen, und die Schabbesfrau, die sie zu putzen hat, nicht bei der Hand ist, und Rothschild der Große käme jetzt herein, mit all seinen Maklern, Diskonteuren, Spediteuren und Chefs de Comptoir, womit er die Welt erobert, und er spräche: Moses Lump, bitte dir eine Gnade aus, was du haben willst, soll geschehen – Herr Doktor, ich bin überzeugt, Moses Lump würde ruhig antworten: »putz mir die Lichter!«, und Rothschild der

Große würde mit Verwunderung sagen: wär ich nicht Rothschild, so möchte ich so ein Lümpchen sein!

Während Hyazinth solchermaßen, episch breit, nach seiner Gewohnheit, seine Ansichten entwickelte, erhob sich der Marchese von seinem Betkissen, und trat zu uns, noch immer einige Paternoster durch die Nase schnurrend. [...] O Jesus! – seufzte er, als er sich in die Kissen des Sofas sinken ließ – finden Sie nicht, Herr Doktor, daß ich heute Abend sehr schwärmerisch aussehe? Ich bin sehr bewegt, mein Gemüt ist aufgelöst, ich ahne eine höhere Welt,

Das Auge sieht den Himmel offen,

Es schwelgt das Herz in Seligkeit!

Herr Gumpel, Sie müssen einnehmen – unterbrach Hyazinth die pathetische Deklamation – das Blut in Ihren Eingeweiden ist wieder schwindelig, ich weiß, was Ihnen fehlt –

O ich Unglücklicher – jammerte Gumpelino – ich liebe und bin wieder geliebt, wir drücken uns heimlich die Hände, wir treten uns unterm Tisch auf die Füße, wir winken uns mit den Augen, und wir haben keine Gelegenheit!

Lord Maxfield bewacht uns beständig, und wir sterben beide vor Sehnsuchtsgefühl! Ich werde den Tag nicht erleben, daß eine solche Nacht kommt, wo Jedes reiner Jugend Blüte zum Pfande setzt, gewinnend zu verlieren! Ach! so eine Nacht wäre mir lieber, als wenn ich das große Los in der Hamburger Lotterie gewönne –

Ja, lieber als das große Los – fuhr Gumpelino fort – wär mir so eine Nacht, und ach! sie hat mir schon oft eine solche Nacht versprochen, bei der ersten Gelegenheit, und ich hab mir schon gedacht, daß sie dann des Morgens deklamieren wird, ganz wie die Crelinger:

Willst du schon gehn? Der Tag ist ja noch fern.
Es war die Nachtigall und nicht die Lerche,
Die eben jetzt dein banges Ohr durchdrang.
Sie singt des Nachts auf dem Granatbaum dort.
Glaub, Lieber, mir, es war die Nachtigall.

Das große Los für eine einzige Nacht! – wiederholte unterdessen mehrmals Hyazinth, und konnte sich nicht zufrieden geben – Ich habe eine große Meinung, Herr Marchese, von Ihrer Bildung, aber daß Sie es in der Schwärmerei so weit gebracht, hätte ich nicht geglaubt. Die Liebe sollte einem lieber sein als das große Los! [...] Die Liebe! Wenn ich alles zusammenrechne, was mich die Liebe gekostet hat, kommen nur zwölf Mark und dreizehn Schilling heraus. Die Liebe! Ich habe auch viel Umsonstglück in der Liebe gehabt, was mich gar nichts gekostet hat; nur dann und wann habe ich mal meiner Geliebten par Complaisance die Hühneraugen geschnitten. Ein wahres, gefühlvoll leidenschaftliches Attachement hatte ich nur ein einziges Mal, und das war die dicke Gudel vom Dreckwall. Die Frau spielte bei mir, und wenn ich kam, ihr das Los zu renovieren, drückte sie mir immer ein Stück Kuchen in die Hand, ein Stück sehr guten Kuchen; – auch hat sie mir manchmal etwas Eingemachtes gegeben, und ein Likörchen dabei, und als ich ihr einmal klagte, daß ich mit Gemütsbeschwerden behaftet sei, gab sie mir das

Rezept zu den Pulvern, die ihr eigner Mann braucht. Ich brauche die Pulver noch bis zur heutigen Stunde, sie tun immer ihre Wirkung – weitere Folgen hat unsere Liebe nicht gehabt. Ich dächte, Herr Marchese, Sie brauchten mal eins von diesen Pulvern. Es war mein Erstes, als ich nach Italien kam, daß ich in Mailand nach der Apotheke ging, und mir die Pulver machen ließ, und ich trage sie beständig bei mir.

Wenn ich bedenke – seufzte er – daß mir vor zehn Jahren die dicke Gudel dies Rezept gegeben, und daß ich jetzt in Italien bin und dasselbe Rezept in Händen habe, und wieder die Worte lese: *sal mirabile Glauberi,* das heißt auf deutsch extra feines Glaubensalz von der besten Sorte – ach, da ist mir zu Mut, als hätte ich das Glaubensalz selbst schon eingenommen und als fühlte ich die Wirkung. Was ist der Mensch! Ich bin in Italien und denke an die dicke Gudel vom Dreckwall! Wer hätte das gedacht! Ich kann mir vorstellen, sie ist jetzt auf dem Lande, in ihrem Garten, wo der Mond scheint, und gewiß auch eine Nachtigall singt oder eine Lerche –

Es ist die Nachtigall und nicht die Lerche! seufzte Gumpelino dazwischen, und deklamierte vor sich hin:

Sie singt des Nachts auf dem Granatbaum dort;
Glaub, Lieber, mir, es war die Nachtigall.

Nach diesem Seufzer erfolgte eine sehnsüchtige Stille, die der Marchese endlich unterbrach, mit der schmachtenden Frage: Sage mir auf deine Ehre, Hyazinth, glaubst du wirklich, daß dein Pulver wirken wird?

Es wird auf meine Ehre wirken, erwiderte jener. Warum soll es nicht wirken? Wirkt es doch bei mir! Und bin ich denn nicht ein lebendiger Mensch so gut wie Sie? Glaubensalz macht alle Menschen gleich; und wenn Rothschild Glaubensalz einnimmt, fühlt er dieselbe Wirkung wie das kleinste Maklerchen. Ich will Ihnen alles voraussagen: Ich schütte das Pulver in ein Glas, gieße Wasser dazu, rühre es, und sowie Sie das hinuntergeschluckt haben, ziehen Sie ein saures Gesicht und sagen Prr! Prr! Hernach hören Sie selbst, wie es in Ihnen herumkullert, und es ist Ihnen etwas kurios zu Mut und Sie legen sich zu Bett, und ich gebe Ihnen mein Ehrenwort, Sie stehen wieder auf, und Sie legen sich wieder, und stehen wieder auf, und so fort, und den andern Morgen fühlen Sie sich leicht wie ein Engel mit weißen Flügeln, und Sie tanzen vor Gesundeswohlheit, nur ein bißchen blaß sehen Sie dann aus; aber ich weiß, Sie sehen gern schmachtend blaß aus, und wenn Sie schmachtend blaß aussehen, sieht man Sie gern.

Obgleich Hyazinth solchermaßen zuredete, und schon das Pulver bereitete, hätte das doch wenig gefruchtet, wenn nicht dem Marchese plötzlich die Stelle, wo Julia den verhängnisvollen Trank einnimmt, in den Sinn gekommen wäre. Was halten Sie, Doktor – rief er –, von der Müller in Wien? Ich habe sie als Julia gesehen, und Gott! Gott! wie spielt sie! Ich bin doch der größte Enthusiast für die Crelinger, aber die Müller, als sie den Becher austrank, hat mich hingerissen. Sehen Sie – sprach er, indem er mit tragischer Gebärde das Glas, worin Hyazinth das Pulver geschüttet, zur Hand nahm – sehen Sie, so hielt sie den Becher und schauderte, daß man alles mitfühlte wenn sie sagte:

Kalt rieselt matter Schaur durch meine Adern,
Der fast die Lebenswärm erstarren macht!

Und so stand sie, wie ich jetzt stehe, und hielt den Becher an die Lippen, und bei den Worten:

Weile, Tybalt!
Ich komme Romeo! Dies trink ich dir.
Da leerte sie den Becher –

Wohl bekomme es Ihnen, Herr Gumpel! sprach Hyazinth mit feierlichem Tone; denn der Marchese hatte in nachahmender Begeisterung das Glas ausgetrunken, und sich, erschöpft von der Deklamation, auf das Sofa hingeworfen.

Er verharrte jedoch nicht lange in dieser Lage; denn es klopfte plötzlich jemand an die Türe, und herein trat Lady Maxfields kleiner Jockey, der dem Marchese, mit lächelnder Verbeugung, ein Billett überreichte und sich gleich wieder empfahl. Hastig erbrach jener das Billett; während er las, leuchteten Nase und Augen vor Entzücken, jedoch plötzlich überflog eine Geisterblässe sein ganzes Gesicht, Bestürzung zuckte in jeder Muskel, mit Verzweiflungsgebärden sprang er auf, lachte grimmig, rannte im Zimmer umher, und schrie:

Weh mir, ich Narr des Glücks!

Lest! lest! – rief Gumpelino, indem er uns das empfangene Billett hinwarf, und immer noch verzweiflungsvoll im Zimmer umherrannte, wobei sein blauer Domino ihn wie eine Sturmwolke umflatterte – Weh mir, ich Narr des Glücks!

In dem Billette aber lasen wir folgende Worte:

Süßer Gumpelino! Sobald es tagt, muß ich nach England abreisen. Mein Schwager ist indessen schon vorangeeilt und erwartet mich in Florenz. Ich bin jetzt unbeobachtet, aber leider nur diese einzige Nacht – Laß uns diese benutzen, laß uns den Nektarkelch, den uns die Liebe kredenzt, bis auf den letzten Tropfen leeren. Ich harre, ich zittere –

Julia Maxfield.

Weh mir, ich Narr des Glücks! jammerte Gumpelino – die Liebe will mir ihren Nektarkelch kredenzen, und ich, ach! ich Hansnarr des Glücks, ich habe schon den Becher des Glaubensalzes geleert! Wer bringt mir den schrecklichen Trank wieder aus dem Magen? Hülfe! Hülfe!

Hier kann kein irdischer Lebensmensch mehr helfen, seufzte Hyazinth.

Ich bedaure Sie von ganzem Herzen, kondolierte ich ebenfalls. Statt eines Kelchs mit Nektar ein Glas mit Glaubersalz zu genießen, das ist bitter! Statt des Thrones der Liebe harrt Ihrer jetzt der Stuhl der Nacht!

Nein, nein! ich will zu ihr hin, in ihren Armen – o Nacht! o Nacht –

Ich sage Ihnen – fuhr Hyazinth fort mit philosophischer Gelassenheit –, Sie werden in ihren Armen keine

Ruhe haben, Sie werden zwanzigmal aufstehen müssen. Sein Sie nur nicht leidenschaftlich. Je mehr Sie im Zimmer auf und ab springen und je mehr Sie sich alterieren, desto schneller wirkt das Glaubensalz. Ihr Gemüt spielt der Natur in die Hände. Sie müssen wie ein Mann tragen, was das Schicksal über Sie beschlossen hat.

Aber Hirsch, was soll die Frau von mir denken, wenn ich nicht komme? Sie wartet jetzt auf mich, sie harrt sogar, sie zittert, sie glüht vor Liebe –

Sie hat einen schönen Fuß – sprach Hyazinth in sich hinein und schüttelte wehmütig sein Köpflein. In seiner Brust aber schien es sich gewaltig zu bewegen, unter seinem roten Rocke arbeitete sichtbar ein kühner Gedanke –

Herr Gumpel – sprach es endlich aus ihm hervor – Schicken Sie mich!

CARBONARI, PRIESTER, PROZESSIONEN
In der Stadt Lucca

Auch die Natur hat ihre Geschichte, und das ist eine andere Naturgeschichte als wie die, welche in Schulen gelehrt wird. Irgend eine von jenen grauen Eidechsen, die schon seit Jahrtausenden in den Felsenspalten des Apennins leben, sollte man als ganz außerordentliche Professorin bei einer unserer Universitäten anstellen, und man würde ganz außerordentliche Dinge zu hören bekommen.

Die Eidechsen mit ihren klugen Schwänzchen und spitzfindigen Äuglein haben mir wunderbare Dinge erzählt, wenn ich einsam zwischen den Felsen der Apenninen umherkletterte. Wahrlich, es gibt Dinge zwischen Himmel und Erde, die nicht bloß unsere Philosophen, sondern sogar die gewöhnlichsten Dummköpfe nicht begreifen.

Die Eidechsen sind ein ironisches Geschlecht und betören gern die anderen Tiere. Aber sie waren gegen mich so demütig, sie seufzten so ehrlich, sie erzählten mir Geschichten von Atlantis, die ich nächstens aufschreiben will, zu Nutz und Frommen der Welt. Es ward mir so innig zu Mute bei den kleinen Wesen, die gleichsam die geheimen Annalen der Natur aufbewahren. Sind es etwa verzauberte Priesterfamilien, gleich denen des alten Ägyptens, die ebenfalls naturbelauschend in labyrinthischen Felsengrotten wohnten? Auf ihren Köpfchen, Leibchen und Schwänzchen blühen so wunderbare Zeichenbilder wie auf ägyptischen Hieroglyphenmützen und Hierophantenröcken.

Meine kleinen Freunde haben mich auch eine Zeichensprache gelehrt, vermittelst welcher ich mit der stummen Natur zu sprechen vermag. Dieses erleichtert mir oft die Seele, besonders gegen Abend, wenn die Berge in schaurig süßen Schatten gehüllt stehen, und die Wasserfälle rauschen, und alle Pflanzen duften, und hastige Blitze hin und her zucken. –

Nichts in der Welt will rückwärts gehen, sagte mir ein alter Eidechs, alles strebt vorwärts, und am Ende wird ein großes Naturavancement stattfinden. Die Steine werden Pflanzen, die Pflanzen werden Tiere, die Tiere werden Menschen und die Menschen werden Götter werden.

Aber, rief ich, was soll denn aus diesen guten Leuten, aus den armen alten Göttern werden?

Das wird sich finden, lieber Freund, antwortete jener; wahrscheinlich danken sie ab, oder werden auf irgend eine ehrende Art in den Ruhestand versetzt.

Ich habe von meinem hieroglyphenhäutigen Naturphilosophen noch manches andre Geheimnis erfahren; aber ich gab mein Ehrenwort, nichts zu enthüllen. Ich weiß jetzt mehr als Schelling und Hegel.

Was halten Sie von diesen beiden? frug mich der alte Eidechs mit einem höhnischen Lächeln, als ich mal diese Namen gegen ihn erwähnte.

Wenn man bedenkt, antwortete ich, daß sie bloß Menschen und keine Eidechsen sind, so muß man über das Wissen dieser Leute sehr erstaunen. Im Grunde lehren sie eine und dieselbe Lehre, die Ihnen wohlbekannte Identitätsphilosophie, nur in der Darstellungsart unterscheiden sie sich.

Gut, gut, erwiderte der alte Eidechserich, ich merke schon was Sie meinen; aber sagen Sie mir, haben diese Philosophen viele Zuhörer?

Ich schilderte ihm nun, wie in der gelehrten Karawanserei zu Berlin die Kamele sich sammeln um den Brunnen hegelscher Weisheit, davor niederknien, sich die kostbaren Schläuche aufladen lassen, und damit weiter ziehen durch die Märksche Sandwüste. Ich schilderte ihm ferner, wie die neuen Athener um den Springquell des schellingschen Geistestranks sich drängen, als wär es das beste Bier, Breihahn des Lebens, Gesöffe der Unsterblichkeit. –

Den kleinen Naturphilosophen überlief der gelbe Neid, als er hörte, daß seine Kollegen sich so großen Zuspruchs erfreuen, und ärgerlich frug er: welchen von beiden halten Sie für den größten? Das kann ich nicht entscheiden, gab ich zur Antwort, eben so wenig wie ich entscheiden könnte, ob die Schechner größer sei als die Sontag, und ich denke –

Denke! rief der Eidechs mit einem scharfen, vornehmen Tone der tiefsten Geringschätzung, denken! wer von Euch denkt? Mein weiser Herr, schon an die dreitausend Jahre mache ich Untersuchungen über die geistigen Funktionen der Tiere, ich habe besonders Menschen, Affen und Schlangen zum Gegenstand meines Studiums gemacht, ich habe so viel Fleiß auf diese seltsamen Geschöpfe verwendet wie Lyonnet auf seine Weidenraupen, und als Resultat aller meiner Beobachtungen, Experimente und anatomischen Vergleichungen kann ich Ihnen bestimmt versichern: kein Mensch denkt, es fällt nur dann und wann den Menschen etwas ein, solche ganz unverschuldete Einfälle nennen sie Gedanken, und das Aneinanderreihen derselben nennen sie Denken. Aber in meinem Namen können Sie es wiedersagen: kein Mensch denkt, kein Philosoph denkt, weder Schelling noch Hegel denkt, und was gar ihre Philosophie betrifft, so ist sie eitel Luft und Wasser, wie die Wolken des Himmels; ich habe schon unzählige solcher Wolken, stolz und sicher, über mich hin ziehen sehen, und die nächste Morgensonne hat sie aufgelöst in ihr ursprüngliches Nichts; – es gibt nur eine einzige wahre Philosophie, und diese steht, in ewigen Hieroglyphen, auf meinem eigenen Schwanze.

Bei diesen Worten, die mit einem dedaignanten Pathos gesprochen wurden, drehte mir der alte Eidechs den Rücken, und indem er langsam fortschwänzelte, sah ich darauf die wunderlichsten Charaktere, die sich in bunter Bedeutsamkeit bis über den ganzen Schwanz hinabzogen.

Auf dem Wege zwischen den Bädern von Lucca und der Stadt dieses Namens, unweit von dem großen Kastanienbaume, dessen wild-grüne Zweige den Bach überschatten, und in Gegenwart eines alten, weißbärtigen Ziegenbocks, der dort einsiedlerisch weidete, wurde das Gespräch geführt [...]. Ich ging nach der Stadt Lucca, um Franscheska und Mathilde zu suchen [...], längs den schönen Bergen und Baumgruppen, wo die goldnen Orangen, wie Sterne des Tages, aus dem dunklen Grün hervorleuchteten, und Girlanden von Weinreben, in festlichen Windungen, sich meilenweit hinzogen. Das ganze Land ist dort so gartenhaft und geschmückt, wie bei uns die ländlichen Szenen, die auf dem Theater dargestellt werden; auch die Landleute selbst gleichen jenen bunten Gestalten, die uns dann als singende, lächelnde und tanzende Staffage ergötzen. Nirgends Philistergesichter. Und gibt es hier auch Philister, so sind es doch italienische Orangenphilister und keine plump deutschen Kartoffelphilister.

Auffallend war mir, im Luccesischen, wie im größten Teile Toskanas, tragen die Frauenzimmer große schwarze Filzhüte mit herabwallend schwarzen Straußfedern; sogar die Strohflechterinnen tragen dergleichen schwere Hauptbedeckung. Die Männer hingegen tragen meistens einen leichten Strohhut, und junge Burschen erhalten solchen zum Geschenk von einem Mädchen, das ihn selbst verfertigt, ihre Liebesgedanken und vielleicht auch manchen Seufzer hineingeflochten.

Ich weiß nicht, ob der Mönch, der mir unfern Lucca begegnete, ein frommer Mann ist. Aber ich weiß, sein alter Leib steckt arm und nackt in einer groben Kutte, jahraus, jahrein; die zerrissenen Sandalen können seine bloßen Füße nicht genug schützen, wenn er, durch Dorn und Gestrüppe, die Felsen hinauf klimmt, um droben, in den Bergdörfern, Kranke zu trösten oder Kinder beten zu lehren; – und er ist zufrieden, wenn man ihm dafür ein Stückchen Brot in den Sack steckt, und ihm ein bißchen Stroh gibt, um darauf zu schlafen.

»Gegen *den* Mann will ich nicht schreiben,« sprach ich zu mir selbst. »Wenn ich wieder zu Hause in Deutschland, auf meinem Lehnsessel, am knisternden Öfchen, bei einer behaglichen Tasse Tee, wohlgenährt und warm sitze, und gegen die katholischen Pfaffen schreibe – gegen *den* Mann will ich nicht schreiben.« –

Um gegen die katholischen Pfaffen zu schreiben, muß man auch ihre Gesichter kennen. Die Originalgesichter sieht man aber nur in Italien. Die deutschen katholischen Priester und Mönche sind bloß schlechte Nachahmungen, oft sogar Parodien der italienischen; eine Vergleichung derselben würde eben so ausfallen, als wenn man römische oder florentinische Heiligenbilder vergleichen wollte mit jenen heuschrecklichen, frommen Fratzen, die etwa dem spießbürgerlichen Pinsel eines Nürnberger Stadtmalers oder gar der lieben Einfalt eines Gemütsbeflissenen aus der langhaarig christlich neudeutschen Schule ihr trauriges Dasein verdanken.

Die Pfaffen in Italien haben sich schon längst mit der öffentlichen Meinung abgefunden, das Volk dort ist längst daran gewöhnt, die geistliche Würde von der unwürdigen Person zu unterscheiden, jene zu ehren, wenn auch diese verächtlich ist. Eben der Kontrast, den die idealen

Pflichten und Ansprüche des geistlichen Standes und die unabweislichen Bedürfnisse der sinnlichen Natur bilden müssen, jener uralte, ewige Konflikt zwischen dem Geiste und der Materie, macht die italienischen Pfaffen zu stehenden Charakteren des Volks-Humors, in Satiren, Liedern und Novellen. Ähnliche Erscheinungen zeigen sich uns überall, wo ein ähnlicher Priesterstand vorhanden ist, z. B. in Hindostan. In den Komödien dieses urfrommen Landes, wie wir schon in der »Sakontala« bemerkt und in der neulich übersetzten »Vasantasena« bestätigt finden, spielt immer ein Brahmine die komische Rolle, so zu sagen den Priestergrazioso, ohne daß dadurch die Ehrfurcht, die man seinen Opferverrichtungen und seiner privilegierten Heiligkeit schuldig ist, im mindestens beeinträchtigt wird – eben so wenig wie ein Italiener mit minderer Andacht bei einem Priester Messe hört oder beichtet, den er noch Tags zuvor betrunken im Straßenkote gefunden hat. In Deutschland ist das anders, der katholische Priester will da nicht bloß seine Würde durch sein Amt, sondern auch sein Amt durch seine Person repräsentieren; und weil er es vielleicht Anfangs mit seinem Berufe wirklich ganz ernsthaft gemeint hat, und er nachher, wenn seine Keuschheits- und Demutgelübde etwas mit dem alten Adam kollidieren, sie dennoch nicht öffentlich verletzen will, besonders auch weil er unserem Freunde Krug in Leipzig keine Blöße geben will, so sucht er wenigstens den Schein eines heiligen Wandels zu bewahren. Daher Scheinheiligkeit, Heuchelei und gleißendes Frömmeln bei deutschen Pfaffen; bei den italienischen hingegen viel mehr Durchsichtigkeit der Maske, und eine gewisse feiste Ironie und behagliche Weltverdauung.

Doch was helfen solche allgemeine Reflexionen! Sie können dir wenig nutzen, lieber Leser, wenn du etwa Lust hättest, gegen das katholische Pfaffentum zu schreiben. Zu diesem Zwecke muß man, wie gesagt, mit eignen Augen die Gesichter sehen, die dazu gehören. Wahrlich, es ist nicht einmal hinreichend, wenn man sie im königlichen Opernhause zu Berlin gesehen hat. Der vorige Generalintendant tat zwar immer das Seinige, um den Krönungszug in der »Jungfrau von Orleans« so täuschend treu als möglich darzustellen, seinen Landsleuten die Idee einer Prozession zu veranschaulichen und ihnen Pfaffen von allen Couleuren vor Augen zu bringen. Doch das getreueste Kostüm kann nicht die Originalgesichter ersetzen, und vertrödelte man sogar noch extra 100 000 Taler für goldne Bischofsmützen, festonierte Chorhemden, buntgestickte Meßgewänder und ähnlichen Kram – so würden doch die protestantisch vernünftigen Nasen, die unter jenen Bischofsmützen hervorprotestieren, die dünnen denkgläubigen Beine, die aus den weißen Spitzen dieser Chorhemden herausgucken, die aufgeklärten Bäuche, denen jene Meßgewänder viel zu weit, alles würde unsereinen daran erinnern, daß keine katholische Geistliche, sondern Berliner Weltliche über die Bühne wandeln.

Ich habe oft darüber nachgedacht, ob der Generalintendant jenen Zug nicht viel besser darstellen und uns das Bild einer Prozession viel treuer vor Augen bringen könnte, wenn er die Rollen der katholischen Pfaffen nicht mehr von den gewöhnlichen Statisten, sondern von jenen protestantischen Geistlichen spielen ließe, die in der theologischen Fakultät, in der Kirchenzeitung und auf den Kanzeln am orthodoxesten gegen Vernunft, Weltlust, Gesenius und Teufeltum zu predigen wissen. Es würden dann Gesichter zum Vorschein kommen, deren pfäffisches Gepräge gewiß jenen Rollen viel täuschender entspräche. Ist es doch eine bekannte Bemerkung, daß die Pfaffen in der ganzen Welt, Rabbiner, Muftis, Dominikaner, Konsistorialräte, Popen, Bonzen, kurz das ganze diplomatische Corps Gottes, im Gesichte eine gewisse Familienähnlichkeit haben, wie man sie immer findet bei Leuten, die ein und dasselbe Gewerbe treiben. Schneider, in der ganzen Welt, zeichnen sich aus durch Zartheit der Glieder, Metzger und Soldaten tragen wieder überall denselben farouschen Anstrich, Juden haben ihre eigentümlich ehrliche Miene, nicht weil sie von Abraham, Isaak und Jakob abstammen, sondern weil sie Kaufleute sind, und der Frankfurter christliche Kaufmann sieht dem Frankfurter jüdischen Kaufmanne eben so ähnlich wie ein faules Ei dem andern. Die geistlichen Kaufleute, solche, die von Religionsgeschäften ihren Unterhalt gewinnen, erlangen daher auch im Gesichte eine Ähnlichkeit. Freilich, einige Nuancen entstehen durch die Art und Weise, wie sie ihr Geschäft treiben. Der katholische Pfaffe treibt es mehr wie ein Kommis, der in einer großen Handlung angestellt ist; die Kirche, das große Haus, dessen Chef der Papst ist, gibt ihm bestimmte Beschäftigung und dafür ein bestimmtes Salär; er arbeitet lässig, wie jeder, der nicht für eigne Rechnung arbeitet und viele Kollegen hat, und im großen Geschäftstreiben leicht unbemerkt bleibt – nur der Kredit des Hauses liegt ihm am Herzen, und noch mehr dessen Erhaltung, da er bei einem etwaigen Bankrotte seinen Lebensunterhalt verlöre. Der protestantische Pfaffe hingegen ist überall selbst Prinzipal, und er treibt die Religionsgeschäfte für eigene Rechnung. Er treibt keinen Großhandel wie sein katholischer Gewerbsgenosse, sondern nur einen Kleinhandel; und da er demselben allein vorstehen muß, darf er nicht lässig sein, er muß seine Glaubensartikel den Leuten anrühmen, die Artikel seiner Konkurrenten herabsetzen, und als echter Kleinhändler steht er in seiner Ausschnittbude, voll von Gewerbsneid gegen alle großen Häuser, absonderlich gegen das große Haus in Rom, das viele tausend Buchhalter und Packknechte besoldet und seine Faktoreien hat in allen vier Weltteilen.

Solches hat nun freilich auch seine physiognomischen Wirkungen, aber diese sind doch nicht vom Parterre aus bemerkbar, die Familienähnlichkeit in den Gesichtern katholischer und protestantischer Pfaffen bleibt doch in ihren Hauptzügen unverändert, und wenn der Generalintendant die obenerwähnten Herren gut bezahlt, so werden sie ihre Rolle, wie immer, recht täuschend spielen. Auch ihr Gang wird zur Illusion beitragen; obgleich ein feines, geübtes Auge wohl merkt, daß er sich von dem

Gange katholischer Priester und Mönche ebenfalls durch feine Nuancen unterscheidet.

Ein katholischer Pfaffe wandelt einher, als wenn ihm der Himmel gehöre; ein protestantischer Pfaffe hingegen geht herum, als wenn er den Himmel gepachtet habe.

Es war schon Nacht, als ich die Stadt Lucca erreichte. Wie ganz anders erschien sie mir die Woche vorher, als ich am Tage durch die widerhallend öden Straßen wandelte und mich in eine jener verwunschenen Städte versetzt glaubte, wovon mir einst die Amme so viel erzählt. Da war die ganze Stadt still wie das Grab, alles war so verblichen und verstorben, auf den Dächern spielte der Sonnenglanz, wie Goldflitter auf dem Haupte einer Leiche, hie und da aus den Fenstern eines altverfallenen Hauses hingen Efeuranken, wie vertrocknet grüne Tränen, überall glimmernder Moder und ängstlich stockender Tod, die Stadt schien nur das Gespenst einer Stadt, ein steinerner Spuk am hellen Tage. Da suchte ich lange vergebens die Spur eines lebendigen Wesens. Ich erinnere mich nur, vor einem alten Palazzo lag ein schlafender Bettler mit ausgestreckt offner Hand. Auch erinnere ich mich, oben am Fenster eines schwärzlich morschen Häusleins sah ich einen Mönch, der den roten Hals mit dem feisten Glatzenhaupt recht lang aus der braunen Kutte hervorreckte, und neben ihm kam ein vollbusig nacktes Weibsbild zum Vorschein; unten, in die halb offne Haustüre sah ich einen kleinen Jungen hineingehen, der als ein schwarzer Abbate gekleidet war, und mit beiden Händen eine mächtig großbäuchige Weinflasche trug. – In demselben Augenblick läutete unfern ein feines ironisches Glöcklein, und in meinem Gedächtnisse kicherten die Novellen des Boccaccio. Diese Klänge konnten aber keineswegs das seltsame Grauen, das meine Seele durchschauerte, ganz verscheuchen. Es hielt mich vielleicht um so gewaltiger befangen, da die Sonne, so warm und hell, die unheimlichen Gebäude beleuchtete; und ich merkte wohl, Gespenster sind noch furchtbarer, wenn sie den schwarzen Mantel der Nacht abwerfen, und sich im hellen Mittagslichte sehen lassen.

Als ich jetzt, acht Tage später, wieder nach Lucca kam, wie erstaunte ich über den veränderten Anblick dieser Stadt! Was ist das? rief ich, als die Lichter mein Auge blendeten und die Menschenströme durch die Gassen sich wälzten. Ist ein ganzes Volk als nächtliches Gespenst aus dem Grabe gestiegen, um im tollsten Mummenschanz das Leben nachzuäffen? Die hohen, trüben Häuser sind mit Lampen verziert, überall aus den Fenstern hängen bunte Teppiche, die morschgrauen Wände fast bedeckend, und darüber lehnen sich holde Mädchengesichter, so frisch, so blühend, daß ich wohl merke, es ist das Leben selbst, das sein Vermählungsfest mit dem Tode feiert und Schönheit und Jugend dazu eingeladen hat. Ja, es war so ein lebendes Totenfest, ich weiß nicht, wie es im Kalender genannt wird, auf jeden Fall so ein Schindungstag irgend eines geduldigen Märtyrers, denn ich sah nachher einen heiligen Totenschädel und noch einige Extra-Knochen, mit Blumen und Edelsteinen geziert, und unter hochzeitlicher Musik herumtragen. Es war eine schöne Prozession.

Es waren fast mehr Soldaten als Geistliche; aber zur Unterstützung der Religion gehören heut zu Tage viel Bajonette, und wenn gar der Segen gegeben wird, dann müssen in der Ferne auch die Kanonen bedeutungsvoll donnern.

Wenn ich eine solche Prozession sehe, wo unter stolzer Militär-Eskorte, die Geistlichen so gar trübselig und jammervoll einherwandeln, so ergreift es mich immer schmerzhaft, und es ist mir, als sähe ich unseren Heiland selbst, umringt von Lanzenträgern, zur Richtstätte abführen. Die Sterne zu Lucca dachten gewiß wie ich, und als ich seufzend nach ihnen hinaufblickte, sahen sie mich so übereinstimmend an mit ihren frommen Augen, so hell, so klar. Aber man bedurfte nicht ihres Lichtes, tausend und abertausend Lampen und Kerzen und Mädchengesichter flimmerten aus allen Fenstern, an den Straßenecken standen lodernde Pechkränze aufgepflanzt, und dann hatte auch jeder Geistliche noch seinen besonderen Kerzenträger zur Seite.

Auf jeden Fall schien mir solche Kerzenträgerei eine gute Einrichtung, denn ich konnte dadurch um so heller die Gesichter besehen, die zum Katholizismus gehören. Und ich habe sie jetzt gesehen, und zwar in der besten Beleuchtung. Und was sah ich denn? Nun ja, der klerikale Stempel fehlte nirgends. Aber dieses abgerechnet, waren die Gesichter unter einander eben so verschieden wie andre Gesichter. Das eine war blaß, das andre rot, diese Nase erhob sich stolz, jene war niedergeschlagen, hier ein funkelnd schwarzes, dort ein schimmernd graues Auge – aber in allen diesen Gesichtern lagen die Spuren derselben Krankheit, einer schrecklichen, unheilbaren Krankheit, die wahrscheinlich Ursache sein wird, daß mein Enkel, wenn er hundert Jahr später die Prozession in Lucca zu sehen bekommt, kein einziges von jenen Gesichtern wieder findet. Ich fürchte, ich bin selbst angesteckt von dieser Krankheit, und eine Folge derselben ist jene Weichheit, die mich wunderbar beschleicht, wenn ich so ein sieches Mönchsgesicht betrachte, und darauf die Symptome jener Leiden sehe, die sich unter der groben Kutte verstecken: gekränkte Liebe, Podagra, getäuschter Ehrgeiz, Rückendarre, Reue, Hämorrhoiden, die Herzwunden, die uns vom Undank der Freunde, von der Verleumdung der Feinde und von der eignen Sünde geschlagen worden, alles dieses und noch viel mehr, was eben so leicht unter einer groben Kutte wie unter einem feinen Modefrack seinen Platz zu finden weiß. O! es ist keine Übertreibung, wenn der Poet in seinem Schmerze ausruft: das Leben ist eine Krankheit, die ganze Welt ein Lazarett!

»Und der Tod ist unser Arzt –« Ach! ich will nichts Böses von ihm reden, und nicht andre in ihrem Vertrauen stören; denn da er der einzige Arzt ist, so mögen sie immerhin glauben, er sei auch der beste, und das einzige Mittel, das er anwendet, seine ewige Erdkur, sei auch das beste. Wenigstens kann man von ihm rühmen, daß er immer gleich bei der Hand ist, und trotz seiner großen Praxis nie lange auf sich warten läßt, wenn man ihn verlangt. Manchmal folgt er seinen Patienten sogar zur Prozession, und trägt ihnen die Kerze. Es war gewiß der Tod selbst, den ich an der Seite eines blassen, bekümmerten Priesters gehen sah; in dünnen zitternden Knochenhänden trug er diesem die flimmernde Kerze, nickte dabei gar gutmütig besänftigend mit dem ängstlich kahlen Köpfchen, und so schwach er selbst auf den Beinen war, so unterstützte er doch noch zuweilen den armen Priester, der bei jedem Schritte noch bleicher wurde und umsinken wollte. Er schien ihm Mut einzusprechen: warte nur noch einige Stündchen, dann sind wir zu Hause, und ich lösche die Kerze aus, und ich lege dich aufs Bett, und die kalten, müden Beine können ausruhen, und du sollst so fest schlafen, daß du das wimmernde Sankt Michaelsglöckchen nicht hören wirst.

»Gegen *den* Mann will ich auch nicht schreiben«, dacht ich, als ich den armen, bleichen Priester sah, dem der leibhaftige Tod zu Bette leuchtete.

Als am anderen Tage die Sonne wieder herzlich vom Himmel herab lachte, erloschen gänzlich die trübseligen Gedanken und Gefühle, die von der Prozession des vorhergehenden Abends in mir erregt worden und mir das Leben wie eine Krankheit und die Welt wie ein Lazarett ansehen ließen.

Die ganze Stadt wimmelte von heiterem Volk. Geputzt bunte Menschen, dazwischen hüpfte hie und da ein schwarz Pfäfflein. Das brauste und lachte und schwatzte, man hörte fast nicht das Glockengebimmel, das zu einer großen Messe einlud, in die Kathedrale. Diese ist eine schöne, einfache Kirche, deren buntmarmorne Fassade mit jenen kurzen, über einander gebauten Säulchen geziert ist, die uns so witzig trübe ansehen.

Auf der Piazza vor dem Dome manövrierte eine Menge Militär, beinah ganz österreichisch uniformiert und nach deutschem Kommando. Wenigstens hörte ich die deutschen Worte: Präsentierts Gewehr! Fuß Gewehr! Schulterts Gewehr! Rechtsum! Halt! Ich glaube, bei allen Italienern, wie noch bei einigen andern europäischen Völkern, wird auf Deutsch kommandiert. Sollen wir Deutschen uns etwas darauf zu Gute tun? Haben wir in der Welt so viel zu befehlen, daß das Deutsche sogar die Sprache des Befehlens geworden? Oder wird uns so viel befohlen, daß der Gehorsam am besten die deutsche Sprache versteht?

Mylady scheint von Paraden und Revuen keine Freundin zu sein. Sie zog uns mit ironischer Furchtsamkeit von dannen. Ich liebe nicht, sprach sie, die Nähe von solchen Menschen mit Säbeln und Flinten, besonders wenn sie in großer Anzahl, wie bei außerordentlichen Manövern, in Reih und Glied aufmarschieren.

Mylady, sprach ich, Sie wären ein schlechter Regent. Sie wissen wenig vom Regieren, und von der Politik verstehen Sie gar nichts. Hätten Sie die politischen Annalen gelesen –

Ich verstehe dergleichen vielleicht besser als Sie, teurer Doktor. Schon früh suchte ich mich darüber zu unterrichten.

Als ich noch klein war, in Dublin, und auf einem Eckchen von dem Schemel sitzen konnte, worauf Mutters Füße ruhten, da hatte ich immer allerlei zu fragen, was die Schneider, die Schuster, die Bäcker, kurz was die Leute in der Welt zu tun haben? Und die Mutter erklärte dann: die Schneider machen Kleider, die Schuster machen Schuhe, die Bäcker backen Brot – Und als ich nun frug: was tun denn die Könige? da gab die Mutter zur Antwort: die regieren. Weißt du wohl, liebe Mutter, sagte ich da, wenn ich König wäre, so würde ich mal einen ganzen Tag gar nicht regieren, bloß um zu sehen, wie es dann in der Welt aussieht. Liebes Kind, antwortete die Mutter, das tun auch manche Könige, und es sieht auch dann danach aus.

Wahrhaftig, Mylady, Ihre Mutter hatte Recht. Besonders hier in Italien gibt es solche Könige, und man merkt es wohl in Piemont und Neapel –

Aber, lieber Doktor, es ist so einem italienischen König nicht zu verargen, wenn er manchen Tag gar nicht regiert, wegen der allzugroßen Hitze. Es ist nur zu befürchten, daß die Carbonari so einen Tag benutzen möchten; denn in der neuesten Zeit ist es mir besonders aufgefallen, daß die Revolutionen immer an solchen Tagen ausgebrochen sind, wo nicht regiert wurde. Irrten sich einmal die Carbonari, und glaubten sie, es wäre so ein unregierter Tag, und gegen alle Erwartung wurde dennoch regiert, so verloren sie die Köpfe. Die Carbonari können daher nie vorsichtig genug sein, und müssen sich genau die rechte Zeit merken. Dagegen aber ist es die höchste Politik der Könige, daß sie es ganz geheim halten, an welchen Tagen sie nicht regieren, daß sie sich an solchen Tagen wenigstens einige mal auf den Regierstuhl setzen, und etwa Federn schneiden, oder Briefcouverts versiegeln oder weiße Blätter linieren, alles zum Schein, damit das Volk draußen, das neugierig in die Fenster des Palais hineinguckt, ganz sicher glaube, es werde regiert.

Signora wunderte sich nicht wenig, als ich ihr sagte, daß ich selbst lange Zeit in der *Capitale della Prussia* gelebt habe, nämlich in *Berelino*, einer Stadt, die ganz oben in der Geographie liegt, unfern vom Eispol. Sie schauderte, als ich ihr die Gefahren schilderte, denen man dort zuweilen ausgesetzt ist, wenn einem die Eisbären auf der Straße begegnen. [...] Übrigens leben die Berliner sehr mäßig und fleißig, und die meisten sitzen bis am Nabel im Schnee und schreiben Dogmatiken, Erbauungsbücher, Religionsgeschichten für Töchter gebildeter Stände, Katechismen, Predigten für alle Tage im Jahr, Elohagedichte, und sind dabei sehr moralisch, denn sie sitzen bis am Nabel im Schnee.

Sind die Berliner denn Christen? rief Signora voller Verwundrung.

Es hat eine eigne Bewandtnis mit ihrem Christentum. Dieses fehlt ihnen im Grunde ganz und gar, und sie sind auch viel zu vernünftig, um es ernstlich auszuüben. Aber da sie wissen, daß das Christentum im Staate nötig ist, damit die Untertanen hübsch demütig gehorchen und auch außerdem nicht zu viel gestohlen und gemordet wird, so suchen sie mit großer Beredsamkeit wenigstens ihre Nebenmenschen zum Christentume zu bekehren, sie suchen gleichsam Remplaçants in einer Religion, deren Aufrechthaltung sie wünschen und deren strenge Ausübung ihnen selbst zu mühsam wird. In dieser Verlegenheit benutzen sie den Diensteifer der armen Juden, diese müssen jetzt für sie Christen werden, und da dieses Volk für Geld und gute Worte alles aus sich machen läßt, so haben sich die Juden schon so ins Christentum hineinexerziert, daß sie ordentlich schon über Unglauben schreien, auf Tod und Leben die Dreieinigkeit verfechten, in den Hundstagen sogar daran glauben, gegen die Rationalisten wüten, als Missionäre und Glaubensspione im Lande herumschleichen und erbauliche Traktätchen verbreiten, in den Kirchen am besten die Augen verdrehen, die scheinheiligsten Gesichter schneiden und mit so viel hohem Beifalle frömmeln, daß sich schon hie und da der Gewerbsneid regt, und die älteren Meister des Handwerks schon heimlich klagen: das Christentum sei jetzt ganz in den Händen der Juden.

»Was hat er getan?«, riefen wir alle drei, als ein ziemlich wohlgekleideter junger Mensch mit Ketten beladen, vorbei geführt wurde. Auf seinem blassen Gesichte lag Adel und Betrübnis, und mehr gleich einem Märtyrer als gleich einem Verbrecher schritt er ruhig zwischen zwei Sbirren, die wie Banditen aussahen, rote Mützen auf den

Häuptern, in den Händen eine Art schäbiger Stutzflinten, die alte Jacke von olivenfarbigem Manchester, wie ein Dollman über die Schulter geworfen.

Er hat jemanden umgebracht, berichtete uns einer der Vorübergehenden.

Der arme Mensch! seufzte Signora. Du mußt aber nicht glauben, lieber Leser, als ob dieser Seufzer dem Ermordeten gegolten, sondern er galt bloß dem Mörder, indem dieser in Italien als Gegenstand des Mitleids betrachtet wird. Der Mord ist hier nicht sowohl eine Tat als vielmehr ein Ereignis, und wessen Hände daran schuld waren, wird bedauert. Sogar der prämeditierte Meuchelmord wird entschuldigt. Man scheint dergleichen als eine Art Justizpflege zu betrachten, und wirklich, in einem Lande, wo die Gesetze so mangelhaft sind und so schlecht verwaltet werden, ist eine solche Selbsthülfe, als eine letzte Personalinstanz, mehr als bei uns zu verzeihen.

»Es ist ein Dieb«, verbesserte ein andrer Vorübergänger, und Signora sagte ruhig: so mag er in Gottes Namen hängen.

Wundre dich nicht über diese Härte, lieber Leser. Die Italiener, bei ihrem zivilisierten Gefühl, verabscheuen den eigentlichen Diebstahl, obgleich sie, von Armut gedrängt, auf alle mögliche Weise den Fremden zu beeinträchtigen suchen […], sie sind Diebe, die nicht stehlen, ja ihre Liebenswürdigkeit raubt uns sogar allen Unmut, wenn sie uns das Geld aus der Tasche locken.

Aber der arme Mensch war weder Mörder noch Dieb,

im Gegenteil, er war ein Carbonari, wie uns ein Abbate nähere Auskunft gab.

Er ist ein Feind des Thrones und des Altars, sagte uns dieser geistliche Herr, es ist einer jener gefährlichen Menschen, die sich gegen ihren Fürsten und selbst gegen Gott verschworen. Man sollte hier in Toskana sie nicht zu milde behandeln, sondern sie, wo man sie ergreift, gleich köpfen lassen oder gebrandmarkt auf die Galeere schicken wie in anderen italienischen Staaten.

Ich verstehe Sie, antwortete ich ihm; da er aber mich nicht verstanden, sagte er noch einige salbungsvolle Worte und reichte mir beim Abschied die Hand.

Es war eine weiche, wurmweiche Hand, und so faulend nachgiebig, daß ich fast fürchtete, sie bliebe mir in Händen. O du Schuft Gottes! rief ich, du bist nicht wert, auf toskanischem Boden zu wandeln. Ich weiß nicht, ob der Herzog von Lucca, welches doch mitten in Toskanischem liegt, so edel denkt wie der Großherzog in Florenz; aber ich habe doch im Luccesischen nichts von jenen Hinrichtungsschrecknissen und Regierungsschandtaten gehört, deren Kunde uns täglich aus andern Teilen Italiens zu Ohren kam.

Schauplatz der Geschichte, die ich jetzt erzählen will, sind wieder die Bäder von Lucca.

Fürchte dich nicht, deutscher Leser, es ist gar keine Politik darin, sondern bloß Philosophie, oder vielmehr eine philosophische Moral, wie du es gern hast. Es ist wirklich sehr politisch von dir, wenn du von Politik nichts wissen willst; du erführest doch nur Unangenehmes oder Demütigendes.

[...] Die philosophische Moral, die darin enthalten sein soll, besteht in dem Satze: daß wir zuweilen lächerlich werden können, ohne im geringsten selbst daran schuld zu sein. Eigentlich sollte ich bei diesem Satze in der ersten Person des Singularis sprechen – nun ja, ich will es, lieber Leser, aber ich bitte dich, stimme nicht ein in ein Gelächter, das ich nicht verschuldet. Denn ist es meine Schuld, daß ich einen guten Geschmack habe und daß guter Tee mir gut schmeckt? Und ich bin ein dankbarer Mensch, und als ich in den Bädern von Lucca war, lobte ich meinen Hauswirt, der mir dort so guten Tee gab, wie ich ihn noch nie getrunken. Dieses Loblied hatte ich auch bei Lady Woolen, die mit mir in demselben Hause wohnte, sehr oft angestimmt, und diese Dame wunderte sich darüber um so mehr, da sie, wie sie klagte, trotz allen Bitten von unserem Hauswirte keinen guten Tee erhalten konnte und deshalb genötigt war, ihren Tee per Estafette aus Livorno kommen zu lassen – »der ist aber himmlisch!«, setzte sie hinzu und lächelte göttlich. Mylady, erwiderte ich, ich wette, der meinige ist noch viel besser. Die Damen, die zufällig gegenwärtig, wurden jetzt von mir zum Tee eingeladen, und sie versprachen des anderen Tages um sechs Uhr auf jenem heiteren Hügel zu erscheinen, wo man so traulich beisammensitzen und ins Tal hinabschauen kann.

Die Stunde kam, Tischchen gedeckt, Butterbrötchen geschnitten, Dämchen vergnügt schwatzend – aber es kam kein Tee. Es war sechs, es wurde halb sieben, die Abendschatten ringelten sich wie schwarze Schlangen um die Füße der Berge, die Wälder dufteten immer sehnsüchtiger, die Vögel zwitscherten immer dringender – aber es kam kein Tee. Die Sonnenstrahlen beleuchteten nur noch die Häupter der Berge, und ich machte die Damen darauf aufmerksam, daß die Sonne nur zögernd scheide, und sichtbar ungern die Gesellschaft ihrer Mitsonnen verlasse. Das war gut gesagt – aber der Tee kam nicht. Endlich, endlich, mit seufzendem Gesichte, kam mein Hauswirt und frug: ob wir nicht Sorbet statt des Tees genießen wollten? Tee! Tee! riefen wir alle einstimmig. Und zwar denselben – setzte ich hinzu –, den ich täglich trinke. »Von demselben, Excellenzen? Es ist nicht möglich!« Weshalb nicht möglich? rief ich verdrießlich. Immer verlegener wurde mein Hauswirt, er stammelte, er stockte, nur nach langem Sträuben kam er zu einem Geständnis – und es löste sich das schreckliche Rätsel.

Mein Herr Hauswirt verstand nämlich die bekannte Kunst, den Teetopf, woraus schon getrunken worden, wieder mit ganz vorzüglich heißem Wasser zu füllen, und der Tee, der mir so gut geschmeckt, und wovon ich so viel geprahlt, war nichts anders, als der jedesmalige Aufguß von demselben Tee, den meine Hausgenossin, Lady Woolen, aus Livorno kommen ließ.

Die Berge rings um den Bädern von Lucca haben ein ganz außerordentliches Echo und wissen ein lautes Damengelächter gar vielfach zu wiederholen.

Dieser Band präsentiert eine Auswahl aus den italienischen Reiseschilderungen Heinrich Heines, die er auszug-
weise in einer Zeitschrift und anschließend vollständig in
seiner Buchreihe *Reisebilder* veröffentlichte. Die Titel der
vier Kapitel stammen nicht von Heine, sondern wurden
vom Herausgeber hinzugefügt.

Der erste Abschnitt, »›Mein Herz ist der beste Cicerone‹. Von Südtirol nach Genua«, gehört zu Heines
Reise von München nach Genua; Teile daraus waren
zuerst als »Reise nach Italien« und »Italienische Fragmente« im Stuttgarter *Morgenblatt für gebildete Stände*
(1.–12. Dezember 1828 und 5., 27.–30. November 1829)
abgedruckt worden, die vollständige Fassung erschien
dann in Heines Buch *Reisebilder. Dritter Teil*. Hamburg:
Hoffmann und Campe 1830, S. 1–214. Das zweite Kapitel, »›Ein wildes Paradies‹. Liebe auf dem Apennin«,
geht zurück auf den Originaltext *Die Bäder von Lucca*,
der ausschließlich in Buchform erschien, nämlich in *Reisebilder. Dritter Teil*. Hamburg: Hoffmann und Campe
1830, S. 215–410. »Carbonari, Priester, Prozessionen. In
der Stadt Lucca« ist ein Auszug aus *Die Stadt Lucca*;
ein kleiner Teil davon war unter dem Titel »Italienische
Fragmente II. Auf den Appenninen« im *Morgenblatt*

für gebildete Stände (6. November 1829) veröffentlicht worden, der ganze Text dann in Heines Buch *Nachträge zu den Reisebildern*. Hamburg: Hoffmann und Campe 1831, S. 1–140 (bei späteren Auflagen hieß es *Reisebilder. Vierter Teil*). »Tee aus Livorno« erschien unter dem Titel »Der Tee« in dem Almanach *Wesernymphe. Novellen und Erzählungen*. Hrsg. von Theodor von Kobbe. Bremen: Wilhelm Kaiser 1831, S. 231–233. Die Anekdote bildet eine Art »Seitenstück« zu den *Reisebildern* und wurde, auch bei späteren Auflagen, nicht in die Buchversion der Serie übernommen.

Mit Ausnahme des letztgenannten Abschnittes geht diese Ausgabe auf die Buchfassung der *Reisebilder* zurück, wobei die Rechtschreibung behutsam modernisiert wurde. Die Zeichensetzung wurde größtenteils dem heutigen Gebrauch angepasst. Kürzungen gegenüber der Vorlage werden durch »[...]« markiert, sofern es sich um Auslassungen am Anfang oder innerhalb von Absätzen handelt. Kürzungen am Ende eines Absatzes sowie Streichungen ganzer Absätze werden nicht angezeigt. Die Kapitelnummern der Originalpublikationen wurden nicht übernommen. Textgrundlage ist die Edition Heinrich Heine: *Historisch-kritische Gesamtausgabe der Werke*. In Verbindung mit dem Heinrich-Heine-Institut hrsg. von Manfred Windfuhr im Auftrag der Landeshauptstadt Düsseldorf. Bd. VII. Bearbeitet von Alfred Opitz. Hamburg: Hoffmann und Campe, 1986.

»DIE GLÄNZENDSTE ZEIT MEINES LEBENS« – HEINE IN ITALIEN
Nachwort

»Es gibt nichts Langweiligeres auf dieser Erde als die Lektüre einer italienischen Reisebeschreibung – außer etwa das Schreiben derselben –, und nur dadurch kann der Verfasser sie einigermaßen erträglich machen, daß er von Italien selbst so wenig als möglich darin redet.«

Diese augenzwinkernde Charakterisierung Heines trifft auf seine italienischen *Reisebilder* ganz und gar nicht zu. Mit dem scharfen Blick des Zeitsatirikers, aber auch mit dem träumerischen Sinn des Poeten entdeckte er das Sehnsuchtsland der Deutschen neu und hauchte zugleich der »langweilig« gewordenen Tradition der literarischen Italien-Schilderung wieder Leben ein. Denn anders als seine zahlreichen Vorgänger – allen voran Goethe – suchte er jenseits der Alpen nicht in erster Linie nach dem Idealbild der klassischen Antike, sondern nach der realen Gegenwart eines Landes, das vor der Schwelle zur Moderne stand, vorerst aber noch ganz in seiner Vergangenheit befangen war. Die Folgen der napoleonischen Zeit mit ihren enttäuschten revolutionären Hoffnungen, die Unterdrückung des geistigen und politischen Lebens durch die österreichische Besetzung und die Macht der Kirche nahm er dabei ebenso in den Blick wie die Schönheiten der Landschaft, die kaum ein anderer Prosaschriftsteller so anmutig und zugleich hintergründig schildern konnte wie er. Ihn interessierte der Alltag der Menschen und die Haltung, mit der sie ihm begegneten, und mindestens ebenso aufmerksam wie die Bewohner der Städte und Dörfer betrachtete er die Touristen, die sie bereisten – und nicht zuletzt sich selbst mit seinen eigenen, deutschen Sorgen. Leichtigkeit und Sinnlichkeit, amouröse Verstrickungen, die Heiterkeit des Südens und immer wieder die Natur erschienen ihm dabei nicht nur als erfreuliche, harmlose Ablenkungen, sondern als Hoffnungszeichen einer besseren, freieren Zukunft.

Von München aus war Heine Anfang August 1828 nach Italien aufgebrochen. In der bayerischen Hauptstadt war er Redakteur der im Cotta-Verlag erscheinenden *Neuen allgemeinen politischen Annalen*. Diese recht gut bezahlte Tätigkeit empfand er aber zunehmend als Einengung. Zudem hatte Heine, der durch die ersten beiden *Reisebilder*-Bände, die 1826 und 1827 bei Hoffmann und Campe erschienen waren (u. a. mit der *Harzreise*, der *Nordsee* und *Ideen. Das Buch Le Grand*), zur Leitfigur einer neuen, zeitkritischen Literatur geworden war, dort mit offen antisemitischen Anfeindungen zu kämpfen. Einflussreiche klerikal-konservative Kreise intrigierten gegen ihn und seine Pläne, in München eine Universitätsprofessur zu erlangen. Die Erholungsreise über die Alpen, die er schon lange geplant hatte, war also eine willkommene Gelegenheit, etwas Abstand davon zu gewinnen.

Er fuhr zunächst nach Tirol, wohin ihn sein Bruder Maximilian begleitete, und über Innsbruck, Trient, Verona,

Brescia, Mailand und Pavia nach Genua. Fast den ganzen September blieb er in »den Bädern von Lucca, wo ich jetzt bade, mit schönen Frauen schwatze, die Appenninen erklettere und tausenderlei Torheiten begehe«, wie er begeistert in einem Brief schrieb. Vom 1. Oktober bis zum 24. November war er in Florenz, doch dort erreichten ihn beunruhigende Nachrichten über den Gesundheitszustand seines Vaters, die ihn zur Abreise veranlassten. Nach Rom, das als Höhepunkt nach seiner Fahrt gedacht war, kam er darum nie. Bologna, Ferrara, Padua und Venedig hießen seine nächsten Stationen. Nach einigen Tagen in Venedig reiste er nach Verona und auf der gleichen Route wie auf dem Hinweg zurück nach München und weiter zu seiner Familie nach Hamburg. Anfang Januar traf er dort ein, aber am 2. Dezember 1828 war sein Vater Samson Heine gestorben.

So wie die Reise selbst stand auch ihre literarische Beschreibung zunächst unter keinem guten Stern. Heines Verleger Julius Campe, der mit ihm auch freundschaftlich verbunden war, hoffte auf die möglichst baldige Übersendung des Manuskripts zur Fortsetzung der ungemein erfolgreichen *Reisebilder*-Reihe, die zum Markenzeichen seines Verlags geworden war. Schon im Oktober 1828 hatte er erfreut, aber auch mahnend an seinen mitunter säumigen Autor nach Florenz geschrieben: »Sie werden sich erinnern, wie mich Italien ergötzte, wie froh und glücklich ich dort war und wie sehr ich Sie dorthin wünschte! Nirgend lebt der Mensch sich selbst mehr, wie dort; Sie werden mit mir darüber einverstanden sein, und zu meinen kühnsten Wünschen gehört es, noch einmal meinen Tornister dorthin tragen zu können. [...] Daß Sie im Januar den 3ten Teil der Reisebilder geben werden, ist mir lieb, und [ich] bitte Sie inständigst, *dieses* Mal Wort zu halten!« Aber erst im Oktober 1829 erhielt er schließlich die ersten fertigen Texte. Teile daraus hatte Heine zuvor schon in Cottas renommiertem *Morgenblatt für gebildete Stände* veröffentlicht, das meiste entstand jedoch in Berlin und Potsdam (später auch auf Helgoland und in Hamburg), wohin Heine zwischenzeitlich wieder zog. Die alten Freunde aus Berliner Studienzeiten sollten ihm dort Halt geben in der schwierigen Phase nach dem Tod seines Vaters und dem vorläufigen Scheitern seiner Berufspläne. Heines Lebenssituation stand in großem Kontrast zu seiner Arbeit an den italienischen *Reisebildern.* Er klagte: »Ach, krank und elend wie ich bin, wie zur Selbstverspottung, beschreibe ich jetzt die glänzendste Zeit meines Lebens, eine Zeit, wo ich, berauscht vor Übermut und Liebesglück, auf den Höhen der Appenninen umherjauchzte.«

Dennoch sprühen Heines *Reise von München nach Genua, Die Bäder von Lucca* und *Die Stadt Lucca,* die in Band drei und vier seiner *Reisebilder* erschienen, vor Witz, Lebensfreude und Ideen. Sie sind durchdrungen vom Geist der Erneuerung und Emanzipation. Ihre scharfe Kirchenkritik, ihre Satire auf eine heuchlerische, bildungsbeflissene Kunst- und Naturauffassung, ihre skeptischen

124

geschichtsphilosophischen Reflexionen und Zeitbezüge riefen allerdings auch schnell die Obrigkeit auf den Plan. Die Zensurbehörden gingen hart gegen die Bücher vor, und vor allem die Angriffe auf den Dichter August von Platen, mit denen Heine dessen antisemitischen Attacken erwiderte – diese Passagen fehlen in der vorliegenden Ausgabe – machten sie sehr umstritten. Bei allem Streit war man sich jedoch einig über ihre literarische Neuartigkeit und Originalität. »Eine italienische Reise noch jetzt zu schreiben, wobei einem keine frühere einfällt, will etwas sagen«, befand Heines Schriftstellerkollege Karl Immermann anerkennend, und aus heutiger Sicht kann man ergänzen, dass einem auch keine spätere einfällt, die ihr gleichkommt.

Italien bildete den Abschluss der *Reisebilder*-Reihe; ihr Publikumserfolg und ihre Verbote durch die Obrigkeit waren zwei Seiten derselben Medaille, aber die Verbote waren es, die bald darauf Heines Entscheidung, ins Pariser Exil überzusiedeln, beschleunigten. Dort lebte er fünfundzwanzig Jahre lang; nach Italien kam er nie wieder, aber noch als er kurz vor seinem Tod an den *Memoiren* arbeitete und an die Sprachen und die Länder seines Lebens zurückdachte, schrieb er: »Heinrich, Harry, Henri – alle diese Namen klingen gut, wenn sie von schönen Lippen gleiten. Am besten freilich klingt Signor Enrico. So hieß ich in jenen hellblauen, mit großen silbernen Sternen gestickten Sommernächten jenes edlen und unglücklichen Landes, das die Heimat der Schönheit ist.«

Zum Autor

Heinrich Heine, geboren 1797 in Düsseldorf, studierte nach einer kaufmännischen Ausbildung in Hamburg Rechtswissenschaft in Bonn, Berlin und Göttingen. Mit Band 1 der *Reisebilder* (1826) begann seine lebenslange Zusammenarbeit mit dem Verlag Hoffmann und Campe. Werke wie das *Buch der Lieder* (1827), *Deutschland. Ein Wintermärchen* (1844) und *Romanzero* (1851) gehören zur Weltliteratur. Der »Dichter der Liebe und der Revolution« starb 1856 in Paris.

Bei Hoffmann und Campe erschienen zuletzt:

· *Französische Zustände. Artikel IX vom 25. Juni 1832. Urfassung.* Faksimile-Edition der Handschrift. Mit einem Essay von Martin Walser. Hrsg. von Christian Liedtke (2010)

· *Die Harzreise.* Hrsg. von Christian Liedtke (2008)

· *So zärtlich Herz an Herz. Die schönsten Liebesgedichte.* Ausgewählt von Günter Berg (2005)

· *»...und grüßen Sie mir die Welt«. Ein Leben in Briefen.* Herausgegeben von Bernd Füllner und Christian Liedtke (2005)

Zum Herausgeber

Christian Liedtke, geboren 1964 in Hamburg, studierte Germanistik und Philosophie in Hamburg, Cincinnati (USA) und Bonn. Er ist wissenschaftlicher Mitarbeiter am Heinrich-Heine-Institut, Düsseldorf, und Autor der Biographie *Heinrich Heine* (Reinbek 1997).

Bei Hoffmann und Campe erschienen u. a. die von ihm herausgegebenen Bände:

· *Heinrich Heine im Porträt. Wie die Künstler seiner Zeit ihn sahen* (2006)

· *»Der Weg von Ihrem Herzen bis zu Ihrer Tasche ist sehr weit«. Aus dem Briefwechsel zwischen Heinrich Heine und seinem Verleger Julius Campe* (mit Gerhard Höhn, 2007)

· *Totentanz und Mitternachtsgraus. Schauerballaden* (2009)

und zuletzt

· *Auf der Spitze der Welt. Mit Heine durch Paris* (mit Gerhard Höhn, 2010)